续嘉兴藏·天慧彻禅师语录 卷下

（清）天慧彻禅师 著

《续嘉兴藏》编纂委员会 编

SSAP
社会科学文献出版社

天慧徹禪師語錄
卷之
二

天慧徹禪師語錄卷二

嗣法門人際聖等編

立春上堂拈拄杖權節令宰陰陽回天關轉地軸且道所圖何事以拄杖打(口)◎(心)(且)執矩神履震運斗柄逢寅喜氣乾坤徧光輝物色均從教箇箇道隨時泰自是人人德與日新喝一喝識得東風面面自然花綻紛紛(日)卓拄杖

上堂一冬晴暖人人鼻孔撩天連日雨寒箇箇腳跟點地未會觸途成滯會來就路還家莫向他人行處行男兒自有衝天志復舉龍池幻祖一日著褊衫舉椅子作

天慧彻禅师语录 卷下

嗣法门人际圣等编

立春。上堂。拈拄杖。权节令。宰阴阳。回天关。转地轴。且道所图何事。以拄杖打(口)◎◎㊐执矩神履震。运斗柄逢寅。喜气乾坤遍。光辉物色均。从教个个道随时泰。自是人人德与日新。喝一喝。识得东风面面。自然花绽纷纷。㊐卓拄杖。

上堂。一冬晴暖。人人鼻孔撩天。连日雨寒。个个脚跟点地。未会触途成滞。会来就路还家。莫向他人行处行。男儿自有冲天志。叟举龙池幻祖。一日着褊衫。举椅子作女人拜。向磬山曰。修上座。待我拜你为师。磬山失笑。

一日請新[illegible]。[illegible]請[illegible]入拜。[illegible]上座。拈拄杖[illegible]。[illegible]大笑。

[illegible]。今來[illegible]。[illegible]行處行。[illegible]自有冲天志。[illegible]

上堂。一冬晴暖。入了[illegible]天。[illegible]。個個[illegible]。[illegible]

[illegible]。卓拄杖。

以[illegible]個個道[illegible]。[illegible]入[illegible]。[illegible]

以拄杖打◎◎◎◎[illegible]

春。上堂。拈拄杖。[illegible]今。[illegible]。[illegible]。且道[illegible]事。

嗣法門人[illegible]編

天慧徹禪師語錄卷下

乃呈偈曰。木人提唱笑呵呵。更着衣衫谁识他。昨日瞷来是男子。今朝还作老婆婆。祖曰。此偈甚惬老僧意。师云。二老一期方便。针芥相投。争奈不脱妈婆习气。高旻为直下裔孙。当阳改正些子。敲香案三下。不曰坚乎。复敲三下。不曰白乎。

晒藏毕。兴化姚善人设斋请上堂。一石麦。一贯钱。憎儿嫌媳结僧缘。钦须北藏南翻日。珍重世尊七七年。我佛当年未曾说著。高旻今日彻底掀翻。一时举示诸人。且道山僧舌头在否。

佛诞。早参。昔日毗蓝修厥德。此时三岔发其祥。欲知跋者何心行。开眼明明入镬汤。是般事。谩度量。雨过沙明鸥鹭白。新炊鱼子饭犹香。

结夏。小参。四月十五日。算到七月十五日。刚刚九十天。寒渐暖。

暖渐凉。莺栗花开。芰荷子结。黄鹂树头斑。乌龟叶上谱。生眼看熟眼。分明只莽鲁。衲僧底事好商量。此去扬城十里路。

晚参。古今知识大医王。湖海高流岂泛常。谁是病多谙药性。令人特地忆仪扬。真歇了。语偏长。老僧自有安身法。八苦交煎总不妨。须信折股者。一丸更商量。

小参。今朝五月一。奇特中平实。日午打三更。黄昏候日出。能言不是声。解语非干舌。何处惹尘埃。本来无一物。谩云太好奇。贵善知时节。不唤作竹篦则背。唤作竹篦则触。喝一喝。真诚不是小儿戏。八十翁翁入场屋。

端节。小参。拈拄杖。棒头有眼。明如杲日。千里阳关。人事大别。等闲拨着一个半个。是佛耳里灌铁。文殊令善财采药。夺人不夺境。善财

于地上拈度。夺境不夺人。人境俱夺。人境俱不夺。高旻终不正说。说也是猩猩皮下血。

小参。终日圆觉而未尝圆觉者。凡夫也。具足圆觉而住持圆觉者。如来也。拈拄杖。左边卓。云。裴休相国依经解义。三世佛冤。过那边着。具足圆觉而主持圆觉者。凡夫也。终日圆觉而未尝圆觉者。如来也。右边卓。云。慈辩禅师离经一字。即同魔说。过这边着。自古直人无直心。那能一一书诸绅。

中夏。小参。众才集。师朝座问讯。便珍重归丈室。

秋日。早参。朱明送夏。白藏迎秋。微凉渐届。溽暑日收。二十四气候。四时八节头。与夫天龙手指头。玄沙脚指头。诸人眼角头。顾左右。一头出一头。挥拂子。一一同归高旻尘尾头。

解夏。上堂。问。不问三玄三要机。请师直指目前法。师云。目前无法。进云。香烟绕法座。瑞气蔼禅林。吩。师云。意在目前。进云。飘飘黄叶落。片片霜花飞。师云。绿绮调空传。进云。花落已随流水去。云舍犹自傍山归。师云。点额亦徒劳。负荆自甘苦。进云。某甲乘便途去也。师云。你坐具为甚缺一只角。进云。和尚太造次。师云。汝莫能变化么。僧呈坐具云。十年前曾如是。师云。未见其人也。僧礼退。师云。逆浪取花难。乃云。北走南行。东语西话。门里出身易。身里出门难。九旬无一物。草鞋两面看。喝一喝。复举临济祖师。出世后惟以棒喝示徒。凡见僧入门便喝。祖师千

出门便棒。且道祖师是何心行。高旻是何心行。辨得出从教天下横行。卓拄杖。下座。

地藏诞。小参。挥拂子。狗子佛性无。明朝八月初。狗子佛性有。小尽二十九。二途俱不涉。直指何亲切。理事本天真。树凋自落叶。会得会不得。茸茸草头蝶。菩提萨婆诃。七月三十日。复举法华云。释迦未出世。将谓瞒人。达摩不西来。自瞒不少。佛法遍天下。瞒诸人即得。谈玄口不开。瞒山僧不得。顾左右。以拂子乱劈。

小参。垂问。若人识得心。大地无寸土。诸人上来下去。甚么处着脚跟。良久。众无出。师云。今朝八月一。昨晚二十九。此中有一机。堪塞诸人口。高旻今日向升子里礼诸人三拜。诸人决定不肯。诸人失利。高旻失利。喝一喝。

昨夜三更白如昼。

国师讳日供。木樨香里礼真容。了无巴鼻。叶叶披披。不借中却有芳规。谁道千峰万峰上。触处逢源。儿孙脚下播宗风。流通正眼。直下会得。门门法法。国师稍涉踌躇。物物头头。先祖先祖。不是国师。国师却是先祖。珍重清江明月秋。涅槃后有大人相。

小参。拈拄杖。高旻者根拄杖。拟欲分付着人。有么。良久。以拄杖指门外盆。云。哪。澣盆澣盆。

中秋。小参。后磬山中〇大雄峰顶〇资福院中〇五云阶下〇形无不显者愈显。影无不彰者益彰。古今无间。圆缺一如。论到话指比玩。何异苏州常州(止)连击拂子。

磬山老祖忌辰供。虚空为鼓。须弥为椎。无手人解抓。无耳人解听。召大众。好一曲不落宫商。抚几三下。阳春白雪难为谱。一段真风满帝都。

中目大师、行端师太、为静远记录遗资请上堂。师竖拄杖。钩头无饵。句下无私。谁是知音者。问答不录。拈拄杖。此乃中目鉴子同行端师太特赍静子遗资。不远千里而来。敦请山僧升座。发明个事。若论个事。昨晚课前初请老祖说法了也。今朝粥后二请老祖说法了也。今当三请。那知老祖打个倒翻筋斗。依旧向影堂里躲跟。将道秘密真言默嘱山僧。山僧谊不容辞。直得向人天众前应酬故事。以拄杖打〇相。本来非动。静自何来。近在目前。远从何去。去来无相。何处是永宁记录真面目。复打〇相。喝一喝。下座。

晚参。示众。高旻示众晚参。何异市行打算。分明八两半斤。数足谁能短串。谩言竖百横千。管取通盘一贯。无容走漏丝毫。端的一回白汗。拈茎草作金身。虽是大样权衡。犹属云居罗汉。

贴单。金木是金木。水火非水火。土因甚是土。不是土好。大哥恁般去。是法住法位。世间相常住。顶上旋日光。脚下蹋流水。信不及。拈单票。山僧为汝等印证。

结冬。上堂。拈香祝圣。白椎。问答不录。师拈拄杖。诸佛妙心。祖师玄旨。不用他求。拈来便是。拿云攫雾。啸月吟风。涓滴不流。和泥合水。着着出身之路。头头解脱之门。镕钗钏瓶。盘于一金。煅顽铜钝铁于一火。敲拄杖。大众。火炉动也。切忌燎却面门好。结椎。下座。

解七。晚参。今日人事浩繁。语言喧杂。晚参句子打点未成。忆得堂中有句说话。特为举似诸人。有一人眉毛上出现一人儿。有一人脑门后出现一人儿。有一人耳朵边出现一人儿。将谓诳惑他。谁知他不受惑。达摩西来。觅个不受惑底人。高旻而今。觅个受惑底人。左手拈拂子。右手拈拄杖。佛眼长明。放下拂子。驴蹄自活。放下拄杖。明年上巳日到兰亭。曲水流觞。节拍节拍。骤步归方丈。少间挂牌。斋堂前各下转语。

六旬初度。两序大众请上堂。僧问。一为无量。无量为一。请问和尚即今是一是无量。师云。尽你思量。进云。石塔舍利两山知识。同将日月为天眼。共指须弥作寿山。还当得今日事么。师云。莫作人情话会。进云。隆觉老人更有三千龙象随高步。万里香花结胜因。还堪恭祝和尚么。师云。

山僧抱愧。进云。大众共见共闻。师云。好伶俐。问。学人有一问请师答话。师云。答汝了也。进云。未审答的甚么话。师云。惠眷作么。进云。和尚瞒那一个。师云。山僧过在甚么处。进云。和尚唤作拄杖子。学人不唤作拄杖子。师云。担板作么。进云。恁么两个也。师云。三个也有。进云。四个岂无。师默然。乃喝一喝。过去心不可得。现在心不可得。未来心不可得。不可得中只么得。此是祖师真妙诀。不言北海有狞龙。谁道南山多白额。大家共捩黄龙关。眼里瞳人吹齋箓。喝一喝。兹当乾隆七年十月廿七。山僧降诞之辰。先母临盆之日。自愧长无一技。短有千差。乳哺难酬。劬劳莫报。仰承隆觉律师有屏序之祝。诸山和尚有南山之颂。同居英哲有锦屏珍物祝寿之仪。兼请转法轮明大事。山僧细密观之。无非发挥自己。山

僧隐隐搏得几个如来名号。南无妙吉祥如来。南无无量威德自在光明如来。南无宝胜如来。南无摩尼幢灯光如来。末后有个不可思议如来。手执一茎草。度与山僧。曰。此祖州来底。山僧于今拈示诸人。呈起拂子。莫有祖州客么。垂下拂子。记取三生六十劫。便下座。

晚参。生生蔬果。丰罗九品。何如一碗菜羹。敢曰安贫养拙。亦非弃重从轻。儒圣礼奢宁俭。祖师道出常情。一般说话。十分现成。现成不现成。拍手歌无生。

晚参。高旻门首。江帆万丈。高旻塔边。池莲千寻。红白相穿。正好打个交关。文昌阁御碑中间书大吉四字。字画分明。偏偏瞒过诸人。抬起头来。只好识得一个。识两个。琅琊籍稻李百药。

早参。山僧三十年前。于崇福先师会下。戳瞎只眼。学得个字。几乎耽搁一生。幸逢古佛点开。略露些儿光彩。不合囊藏被盖。乘时拈出。但年久月深。多半忘却。随示几笔。聊以塞责。丿乀。看来全不象字。虽不象字。于诸人分上大有相应。丨。漫道广陵声绝久。铜鞮犹奈近时歌。

长至。早参。秉如意。藏昂。尽群阴。复一阳。燕地抽冬笋。京师出大黄。物情昭也人皆见。时节至兮理自彰。莫谓黄湾六管浮灰动。须知域内。五纹弱线长。蓦举如意。大家如意纳祯祥。

早参。夜来木马旋空走。天晓泥牛露地眠。谁是骑声盖色者。东君有信借相传。蓦卓拄杖。

先老和尚诞辰供。巴歌自是惭邗水。雪曲从来问老爷。无影林中藏彩

湖光山河朵朵春。君臣道合。自然融体。分明宾主。说与何妨。当机辨别。

早参。新晴。上堂三更半夜辟。说斯宾晓极元神。故决点出金刚眼。

晚示众。古佛家风在。何劳更问余。莫谓高见容情带。清斋雪曲赞知音。

枝子早曾道。故窗前梅开。年年二月中。千古烟花林。一进大合后。西瞻

解人。因雪小参。担肩穿市过。无所住生心。古藤保不分。问着尽沉吟。

大解说教千百数。

日田自静。月是风前影。铁清有住有。明教无住无。十分春色满皇都。

安期。普度。万缘是心光。诸缘本晚。年来年去。无所而生家。

无事观清散天花。两外开市。宙公。法住常。一片眼里落叶沙。

风。不动技上茫茫花。问何缘子慈悲。桂树重开纷在家。诸君共本真面目。

风。不萌枝上蛰斑蛇。烂柯樵子迷归路。挂树壶公验作家。端的先师真面目。红炉烈焰散天花。顾左右。审么。遂炷香。一翳眼里落寒沙。

岁朝。升座。万法是心先。诸缘惟性晓。年来年去。无非向上玄机。日旧日新。尽是风前妙旨。镜清有任有。明教无任无。十分春色满皇都。火骑从教千百数。

解七。因雪小参。担肩穿市过。无所住生心。卢陵作么价。问着尽沉吟。投子早曾道。松窗亮槅阴。卅年云不少。千古振丛林。一进天台后。两腿酸不禁。古佛家风在。何劳更买金。莫谓高旻客情薄。清新雪曲款知音。

早参。祈晴。土地三更孕得麟。波斯实晓报龙神。杖头点出金刚眼。彻见山河朵朵春。君臣道合。自然亲体。分明宾主。混融何必。当机辨别。

忒忒。风暖鸟声碎。日高花影重。

晚参。举六祖。因二僧对论风幡。一曰风动。一曰幡动。祖曰。不是风动。不是幡动。仁者心动。师云。动非风幡。此处无银十两。仁者心动。俗人沽酒三升。大小祖师。只做得个挑脚汉。若是禅家行主。未在未在。

早参。时值暮春。一派生涯。翠增松缕。红绽桃花。衲僧家。谩浪夸。己躬下事分明极。莫把光阴当岁华。

晚参。举世尊曰。昨日文殊起佛见法见。被吾贬向二铁围山了也。师云。世尊具一切智。怎生蹉过文殊。高昊要问世尊。文殊起佛见法见。是甚么人见定当得下、从教。千古话行。拟议不来。直下遭人检点。

早参。举云门示众。拈拂子。云。向这里得个入处去。捏怪也。日本危危。风暖鸟声碎。日高花影重。

晚参。举六祖。因二僧对论风幡。一曰风动。一曰幡动。祖曰。不是风动。不是幡动。仁者心动。师云。动非风幡。只此充塞十方。仁者心动。俗入话通三年。大小祖师。只恐张个拄脚叉。若是本家行李。未在未在。

早参。时值暮春。一派生涯。翠墙苔藓。红艳桃花。满溢落英。曼颠香。已悉下事分明放。来见未阅语录字。

晚参。举世尊曰。吾以文殊起佛见法见。被吾贬向二铁围山去也。师云。世尊真一切智。为甚么过文殊。高吴要问世尊。文殊起佛见法见。是吾以入见定当得干、从教。千古清行。任汝不来。直下道入检点。

早参。举云门示众。拈拂子云。向这里得个入处去。留话去。任你

国里谈禅。三十三天有人出来。唤云。吽吽。特舍儿担枷过状。愚庵盂云。是时天雨曼陀罗花。摩诃曼陀罗华。曼殊沙华。摩诃曼殊沙华。栴檀香风。悦可众心。漆桶不快。请过一边。师云。发挥自己胸襟。开豁他人眼目。在二老何止天悬地隔。挥拂子。千钧之弩。原不为鼷鼠发机。果是金毛。也须返踯。遂作倒身势。一番腾踔一番威。

浴佛。拈拄杖。世尊初生。言中有响。云门打杀。棒下无私。灼然举一明三。拈头知尾。缩脚原来伸脚。知恩始解报恩。复云。猫良久寥寥。

佛诞上供。拈香。惟我独尊未必生。喂狗子吃何曾死。年年今日拜芳辰。毕竟如何底。是你埂子上挑水底。一日度一日。

结夏。小参。摩竭亲行令。此时依旧宣。安居惭白业。举步愧青莲。

期短九旬日。期长百廿天。己躬端的事。晴晒草鞋干。良久。日前祝圣遗漏两句。还补得着么。法炬后堂云。一齐顶礼和尚。师云。为甚只补得一句。炬云。第二句我不会。师云。文不加点。

晚参。举佛果禅师举灵云见桃花悟道有颂。三十年来寻剑客。几回叶落又抽枝。自从一见桃花后。直至而今更不疑。玄沙云。谛当甚谛当。敢保老兄未彻在。佛果颂曰。陇上笑春风。枝头漏消息。红光烁太虚。岂藉阳和力。学剑宗师既不疑。玄沙未彻最新奇。扫除学路刮肌骨。格外之机如电拂。师颂云。张三换却眼中珠。李四重栽颔下眉。反着锦衣兼束带。时人笑指卖花儿。廿自欺。暗思惟。移弦别调南飞鹤。弹罢归来月落迟。

早参。墙高数仞无门入。入者豁开双眼睛。嗟彼三千里外客。自甘拔

舌与犁耕。贼投贼。精合精。从古上贤犹不识。造次凡流岂可明。复举马祖一日问百丈。曰。甚处来。云。山后来。祖曰。逢着一人么。云。不逢着。祖曰。为甚么不逢着。云。逢着即举似和尚。祖曰。甚么处得这消息来。云。怀海罪过。祖曰。却是老僧罪过。国清英曰。人既不见。因甚各担一担罪过。师云。国清只具一只眼。人既不见。如何不各担一担罪过。

晚参。通处没虚空。碍处非墙壁。直指示当阳。头头堪辨别。堪辨别。何准则。三冬凛凛暖如春。六月炎炎飞大雪。

小参。无量劫来坐具。四威仪内笊篱。实真一片苦心。殊觉眉毛拖地。太阳门下。日日三秋。明月堂前。时时九夏。有寒暑兮促君寿。有鬼神兮妒君福。喝一喝。

晚参。高旻今日在御花园中、红莲池内。统众采荷叶、修荷茎。知藏甚劳。侍者劳甚。山僧晚参法语竟成乌有先生。呵呵。普茶鼓响。吃瓜莫被舌头瞒好。

早参。举古德。铁牛不怕狮子吼。犹如木人见花鸟。我若无心于万物。何妨万物常围绕。堪破先宗触背关。可怜无地着惭颜。而今直向诸人举。杀活临机露一斑。良久。山僧不是杜撰。昔婆子请赵州转全藏。赵州下禅床走一匝。婆子道。半藏。高旻请诸人转半藏。诸人为山僧走一遭。山僧道。全藏。婆子具甚么眼。高旻具甚么眼。

观音大士诞辰。值新秋。升座。拈拄杖。垂问。树凋叶落浑闲事。体露金风又若何。僧云。御花园中又是一番清新景象。乃云。伏暑三旬迟。凉飙一霎早。普门观世音。曲唱萸湾道。谩将佛法商量。岂可文章论讨。

分明过去世如来。原是现前渔父乌。须细意。莫草草。卓拄杖。梧报桀中节令新。月传江上秋光好。复举曹山。因僧问。皓月当空时若何。山云。犹是阶下汉。僧曰。请师接上阶。山云。月落后相见。师云。月落后相见。犹是阶下语。阶上语。曹山也。节拍不及。高旻却有定见。无论阶上阶下。总与一喝。会得底向那边讨取。不会底也向那边讨取。何乃如此。观音菩萨将钱买胡饼。放下手却是馒头。

小参。至道无难。惟嫌拣择。若不拣择。洞然明白。古佛接纳上机。不无些子。接他中下。一味平常。高旻不然。至道无难。先须拣择。若不拣择。如何明白。是明白。是拣择。以多为少。以少为多。不多不少。一分二分。竹篦撩截诸人面门。诸人不可横三千竖五百。金刚无事嚼生铁。

小参。欲识佛性义。当观时节因缘。且道即今如何提唱。拈拂子。山头生兔角。水底长龟毛。内不见有。外不见无。两头坐断。一剑倚天。钟楼上。床脚下。大抵还他肌骨好。不搽红粉也风流。

解夏。上堂。僧问。古德云。薰风自南来。殿阁生微凉。如今一夏是阿谁受用底处。师云。神农顶上一只角。进云。某甲道一喝作薰风殿阁。又在甚么处。师云。舜目有重瞳。僧拍胸。云。其如这里唤作殿阁薰风。又向甚么处来。师云。尧眉分八彩。进云。至于薰风殿阁俱集。且道受用底人是何面目。师云。愿上座一似今日。卓拄杖。云。不道期长。四月安居已过。谁言日短。九旬结制将来。人人鼻孔大头垂。个个眉毛横眼上。三餐粥饭还精洁。一众损羸且老成。禅堂里。厨房里。客堂里。于一切处小参。谢众禅人。告报时节因缘。且道即今如何提唱。拈拂子。云。水生兔角。水底木生毛。内不见有。外不见天。西头坐断。一剑倚天。钟楼上。床脚下。大赦达化肌骨好。不搽红粉也风流。

解夏。上堂。僧问。古德云。薰风自南来。殿阁生微凉。如今一夏是何谁受用底处。师云。神农顶上一只角。进云。某甲道一句作薰风殿阁。人在甚么处。师云。筹自有重数。僧指胸。云。其如这里染作殿阁薰风。人向甚么处来。师云。参眉分八字。进云。至于薰风殿阁俱集。且道受用底人是何面目。师云。应上座一众今日。卓拄杖。云。不道期术。四月安居已迁。谁言自疑。九旬结制将来。人人鼻孔大头垂。个个眉毛横眼上。三资谢浚达精语。一众顺流且未然。禅堂里。厨房里。客堂里。于一切处觅踪毫过、现、未来心不可得。未一点多、凡、入、教相不可得。可以回天地。可以塔鬼神。若是和有。看取菖蒲注脚。复举文殊度真。神头鬼面。迦叶尽力推。不能举。乃见百千文殊。盖也。不怕世尊云。你拟摈那个文殊。羊老心系。若作三句看。落花雨后香。若作一句看。悬露乱水滴。翠岩上堂云。一夏以来。与诸兄弟东语西话。看翠岩眉毛在么。长庆云。生也。云门云。关。保福云。作贼人心虚。守安云。劳众路力。稽出私门。四大老汉入火聚。以罪加火。圆无足佗。至于翠岩。千年无影树。今时没底靴。喝四喝。章一章。记取高旻末后句子。此话三十年后大行。复章四章。喝一喝。下座。

旋城回。小参。举。教手何似佛手。空开大口。教脚何似驴脚。何曾踏着。

觅丝毫过、现、未来心不可得。求一点圣、凡、人、我相不可得。可以同天地。可以格鬼神。若是知有。看取葛藤注脚。㚐举文殊度夏。神头鬼面。迦叶尽力椎。不能举。乃见百千文殊。盖也。不怕世尊云。你拟摈那个文殊。年老心狐。若作三句看。落花雨后香。若作一句看。悬装乱水渠。翠岩上堂云。一夏以来。与诸兄弟东语西话。看翠岩眉毛在么。长庆云。生也。云门云。关。保福云。作贼人心虚。守芝云。为众竭力。祸出私门。四大老诬人之罪。以罪加之。固无足论。至于翠岩。千年无影树。今时没底靴。喝四喝。卓一卓。记取高叟末后句子。此话三十年后大行。㚐卓四卓。喝一喝。下座。

杭城回。小参。举。我手何似佛手。空开大口。我脚何似驴脚。何曾蹋着。

人人有个生缘。不用钻研。黄龙老汉被山僧和赃捉败了也。高旻前月廿四从此地去。今月昨日自杭州回。亦有三关分明举示。但不得作世谛流布。亦不得作佛法商量。卓拄杖。北新关。浒墅关。油闸关。

中秋。斋堂普茶。众集。垂问。天上月圆。人间月半。古人与么道那。高旻敢曰。天上月半。人间月圆。若人不会。验在目前。有么有么。月江烧香举杯。云。大众。请茶。师曰。狗口出象牙。茶毕。复曰。最初机。烧香道了也。还有道得末后句底么。法炬后堂云。大众。请各归堂寮。便起身。师曰。不谬为高旻后堂。

新开浴室。晚参。浴门里身。浴身里身。桃花浪。柳花烟。后先出入从容道。燕子南来风一帘。此回眼定识伊去。咳嗽一声。不是司水。便是人人有个生缘。不用钻研。黄龙老汉被山僧和赃捉败了也。高旻前月廿四从此地去。今月昨日自杭州回。亦有三关分明举示。但不得作世谛流布。亦不得作佛法商量。卓拄杖。北新关。浒墅关。油画关。

中秋。斋堂普茶。众集。垂问。天上月圆。人间月半。古人与么道那。高旻取曰。天上月半。人间月圆。若人不会。总在目前。有么有么。且以绕香举茶。云。大众。请茶。师曰。焰口出众手。茶毕。复曰。最初机。绕香道了也。还有道得来底句么。法堂后堂云。大众。请各归堂寮。便走身。师曰。不须为高旻后堂。

新开浴室。晚参。浴门里身。浴身里身。桃花浪。杏花烟。后来出入从容道。燕子南来风一阵。山回眼定识伊去。晚啼一声。不是向外。便是

谓世尊只知开口。不觉舌头拖地。无明只觉舌头拖地。不知开口。二老千
有两个舌头。无明只有一个舌头。一切贤圣皆以无为法而无差别。山僧敢
晚参。举金刚经云。一切贤圣皆以无为法而有差别。千古尤云。世尊
侍者背上打一掌。云。古来道底。
请堂主、监院、书记、藏主、知藏、侍者小参。师一一请过。末后向
喝一喝。若是陶渊明。攒眉便归去。
行深般若波罗蜜多时。照见五蕴皆空。度一切苦厄。舍利子。舍利子。真
同时并若全。其理自彰。空其情方无情。燎然毕现。喝一喝。观自在菩萨。
早参。前后萧边。朵朵分明空劫外。雁鸣天际。声声透出威音前。不
香灯。

香灯。

早参。萌绽篱边。朵朵发明空劫外。雁鸣天际。声声透出威音前。不同时节若至。其理自彰。岂共情与无情。焕然等现。喝一喝。观自在菩萨。行深般若波罗蜜多时。照见五蕴皆空。度一切苦厄。舍利子。舍利子。复喝一喝。若是陶渊明。攒眉便归去。

请堂主、监院、书记、藏主、知藏、侍者小参。师一一请过。末后向侍者背上抚一掌。云。南泉道底。

晚参。举金刚经云。一切贤圣皆以无为法而有差别。千岩长云。世尊有两个舌头。无明只有一个舌头。一切贤圣皆以无为法而无差别。山僧敢谓世尊只知开口。不觉舌头拖地。无明只觉舌头拖地。不知开口。二老于无为法总未梦见。既是无为法。因甚又有差别。织可承香䓁。裁堪钓锦鳞。

早参。三岔河头。潮汐奔忙。成得甚么边事。五云楼下。龙象蹴蹋。惟图识取自心。有么有么。山僧夜来睡去。梦中窃得古人一绝。揭露当阳。西风昨夜过园林。吹落黄花满地金。秋花不比春花落。分付诗人仔细吟。此言虽俗。可以喻道。复举。西风昨夜过园林。吹落黄花满地金。顾左右。幸不遇永叔。

磐山老祖忌辰供。一千五百人善知识调羹。一千五百人善知识做饭。超佛越祖之谈。曰胡饼。眼光烁破四天下。曰油糍。不图举古明今。惟贵精诚特地。老祖老祖。莫道无端插嘴。便炷香。

九日。早参。胸中一寸灰已冷。头上千茎雪未消。老步只宜平地去。

不知何事又登高。登高履下。去此就彼。古人太煞辛勤。高旻未生已前。行无越户。坐不当堂。今届重阳。大家共委胸中一寸。原非有头上千茎。岂是无老步。何曾涉夷险。当阳直指示参徒。

晚参。此事广说似烦。约论近蛮。谛审思惟。有个喻子。狐迥迥、峭巍巍底。令他从东过西着。呆桩桩、死搭搭底。令他从西过东着。总不恁么底。卓拄杖。也须打过了勘。

早参。云水奔忙没道理。不知三岔金柴来。同参更欲为同参。于橐于囊乃可尔。可尔可尔。演祖示众云。下方来一班禅师。拈也拈得。颂也颂得。上堂也上堂得。小参也小参得。只是未在。不可尔。不可尔。捉搦歌曰。华阴山前百尺井。下有寒泉彻骨冷。可怜女子来照影。不照其余照斜领。一示一歌。的有分晓。不是高旻盂浪举底。诸人不会。质取诸方明眼。不枉高旻走一遭。

结冬。上堂。问答不录。喝一喝。无阴阳地安炉。无手人摇扇。蓦然扇着无烟。铁额铜头红烂。此回端的异寻常。谁不通身皮骨换。天中塔里天中塔。五云楼外五云楼。终日接谈无别事。高旻道不得。诸人道看。

兴化姚善人领刘荣甫居士设斋。请上堂。问答不录。拈拄杖。云。一七十四。都云不是。二七如七。迥超途辙。高旻说话没亲疏。佛法何曾论有无。第一句荐得。佛祖为师。第二句荐得。人天为师。第三句荐得。自救不了。山僧敢谓大小汾阳太煞廉纤。难为折合。高旻第一句荐得。鸢飞戾天。第二句荐得。鱼跃于渊。第三句荐得。如在其上。第四句荐得。

八九著。丈顯八圓。天白由分。現前過、見、未三居士。和頭蓋發重。不
疑毫奔鍾。路路皆通。門門可入。好大法未明。古今未遇。恁甲石白。欲
也間。一庸相字。更好簿坦。德積乾坤。慧選拉放。天一疑毫障礙。天一
皆色空泰元遗猿。貴手有分。負而隨之。一任遇處作數。萬木隨身。世出
大千無存實珠藏。面老不來住定洛。亦非相見大元話。个事身白兩天明。
清上堂。問答了束。拈拄杖。云。拈拄回天。明頭元明去。喫下鍾吉的地。
武林羊山第弄合方監書宿道住寺。見聞廣。未詳公居士。豎入居士設齋。
天上个金饒。入間望至朝。
宮得宜。未滿得滿。未福得福。隨心滿願。九不遠來。慈奉宿而空。曰。
要在其左右。路回三句。押禾四句。兌則必危。法則必法。未奉須養。末

如在其左右。汾阳三句。邢水四句。优则总优。劣则总劣。求寿得寿。求官得官。求嗣得嗣。求福得福。随心满愿。无不遂求。遂举首向空。曰。天上分金镜。人间望玉钩。

武林牛山狐舟谷声和尚领冯述圣、马胜麒、朱沛公居士。暨众居士设斋。请上堂。问答不录。拈拄杖。云。炉焰亘天。旷劫无明灰。当下锤声动地。大千英哲集筵前。讵是不来还忆君。亦非相见又无语。个事如日丽天明。暗色空举无遗照。贵乎有力。负而趋之。一任逢场作戏。竿木随身。世出世间。一肩担荷。光扬佛祖。德被乾坤。蓦竖拄杖。无一丝毫障翳。无一丝毫牵缠。路路皆通。门门可入。如大法未明。古今未透。他时后日。被人札著。七颠八倒。无自由分。现前冯、马、朱三居士。知脑盖轻重。不妨于国于家。乃忠乃孝。处僧处俗。惟德惟仁。擅美先宗。流芳后代。傥不然者。回到武林狐舟庵中伸请我同门谷声和尚。于无言处阐言。诸君于绝听时探听。蓦然听着也未可知。那时方知高旻今日。说而无说。闻而无闻。无闻始是真闻。无说方名正说。正闻正说。法眼流通。不负三君一江千里亲到高旻一番称性之谈云尔。复听一颂。念佛原无旨。还家岂别途。但能头目正。楚幕任栖乌。

晚参。拈拄杖。举龙池幻祖。因僧问如何是佛祖奇特事。祖云。虾蟆捕大虫。僧云。恁么则不奇特也。祖云。猫儿捉老鼠。僧礼拜。祖便喝。僧云。和尚为甚么放某甲不过。祖云。老僧有事。你且去。师云。高旻为老祖颠拨一上。占得无言四句。虾蟆捕大虫。猫儿捉老鼠。奇特甚奇特。

虚空笑破嘴。天下何人不识君。只缘身在黄花戍。捎尾添七言二句。在老祖似少。在高旻太多。

绳三大师领圣采周护法设斋供众。早参。师举大学云。在明明德。金刚云。不住色布施。在亲（明）（民）。不住声香味触法布施。在止于至善。应如是布施。说时默。默时说。儒释从教两分明。直下所求无不得。岂不闻药师云。求长寿得长寿。求富饶得富饶。求官位得官位。求男女得男女。居士如是。诸人亦如是。端坐受供养。施主常安乐。

长节。小参。午中届节。喜不自禁。葭管灰散。律徙六阴。劫前端的原无事。佛祖龙天证此心。挥拂子。君子道长。小人道消。决然消索。何劳揭榜。堂前允矣和平。不必重添注脚（廾）。

小参。见闻如幻翳。三界若空花。闻复翳根除。尘消觉圆净。拍手。曰。君子哉。蘧伯玉。一天秋色老梧桐。万井人烟寒橘柚。

晚参。举云门示众。尽大地是个解脱门。枉作佛法会。却何不见山是山。见水是水。狮林则云。潦倒云门。前言不应后语。如今尽大地人。见山不曾唤作水。见水不曾唤作山。既不作佛法会。唤甚么做解脱门。我眼本正。因师故邪。邪师过谬。非众生咎。喝一喝。师云。理上偏枯。事边着倒。尽美底尽美。尽善底尽善。只是不经检点。昂昂然岂非山乎。洋洋焉岂非水乎。如曰见。误认解脱门。枉作佛法会。

早参。今朝腊月旦。光影门头算。佛法日无穷。世情期有限。已躬明不明。人事断须断。莫谓太偏枯。须知一以贯。正当恁么时。谁不通身汗。喝一喝。

复举灵源谓佛鉴曰。凡接东山师兄书。未尝言世谛事。唯丁宁忘躯弘道。诱掖后来而已。近得书云。诸庄旱损。我总不忧。只忧禅家无眼。今夏百余人。室中举个狗子无佛性话。无一人。会得此可为忧。东山演祖所谓心田任世。肝胆照人。擅美先宗。流芳后代。若是同诚共休戚。饮水须知肥高旻直下。不妨管中窥豹。也见一斑。兹当众职收租回寺。并无客气相迎。原是家里人。为说家里话。且喜暖日和风。冬行春令。绝无三九凛冽逼人。有甚忧来。若道狗子无佛性话。座前理会得。人有甚忧来。所忧前夜堂中垂问。山僧年迈力衰。开眼明明做梦。众中还有圆梦者么。彼时出众无人。来朝松堂主。入室参次。却云。昨夜不曾道得个侍者点灯。请和尚归卧室。山僧向道。老小者些说话未出常情。即令更道个掇水盆。擎茶盏。亦未出常情。诸兄弟且道山僧为甚因缘。恁般垂问。直饶道得来处分明。要且高旻手中痛棒未肯放过在。何故吩。国师门下。令不虚行。

先老和尚诞辰影堂供。甲乙丙丁戊。金木水火土。亲透者个㊄关。乾坤齐起舞。转身说向师。只恐不堪听。猛力蠛蠓负泰山。大清国里几人逢着。不是彻子衔饭咬骨。道出常情。千古话堕。

解七。晚参。垂问。连七加三。有何消息。众无出。乃云。昨日新春。今朝解七。一句当天。二句明白。三句四句。息浪庵前。奔流度刃。避风馆外。疾焰过风。法法证无生果。头头转大法轮。咦。皮雀仙席。老师相见。那个在前。那个在后。一生无所好。单只爱林檎。

除夕。小参。无我见。无人见。无众生见。无寿者见。一人传虚。万

命仔。小参。无致见。无入见。无口生见。无养告见。一入阵庭。句

那个在前。那个在后。一生无所靠。单只爱林禧。

箔仆。乐梧过风。话语讴着土亲。头头起大瑶榜。谅。戎荷化禘。未师植见。

令朝解文。一句告天。二句明白。三句四句。惠演高前。奔流广方。迎风

解文。晚参。垂回。请文加三。有何谓件。众天毋。只示。晚日新春。

不是衲仔诉没灵音。追出常情。千古所谣。

折齐达尊。林身说向师。只见不堪中。植七梅寨答养咄。大清国里几入坐临。

老老齐由游家影宝保。中了西下次。金木水火土。亲遗各个四光。乾

早子中痛锋土青发过在。何故分。国师门下。今天应行。

常情。诸见半且道山腊方善因缘。为复垂问。直饶道得来处分明。要且当

人传实。高旻除岁。据令而行。治世语言。资生业等。皆与实相不相违背。又何必保任此事始为不虚。良久。一年三百六十日。今夜是除夕。说话须吉利。

解冬。上堂。垂问。铁蛇横古路。一马生三寅。意旨如何。众无出。卓拄杖。棒喝如云如雨。那来格外提持。炉锤半喜半瞋。不见囊中药汞。以长作短蹶顶伊。非皂是青侘侗我。相识无如不相识。平生肝胆向人倾。忽然走到九龙桥。然灯佛空中授记曰。汝是星宿劫一数回到高旻。求山僧证据。三十棒打得顶门血出。莫言好利害。

晚参。拈拄杖。去经旬日。舟动岸移。来过五朝。鸟啼花笑。四站一江原不隔。吴山楚水本依然。卓拄杖。复举教中道。有我爱者亦爱涅槃。伏我爱根为涅槃相。是断见语。是常见语。大好分付知事。此去金山三十里。

洋子江心第一泉。为我汲将来。

观音圣诞。早参。春风荡荡。春日迟迟。春雨飘飘。春云霭霭。燕语莺啼。尽是圆通妙旨。桃红柳绿。无非轶格玄机。喝一喝。一微空故众微空。闻性空时妙无比。众微空故一微空。思修顿入三摩地。一微空中无众微。无缘慈力应群机。众微空中无一微。明月影临千涧水。顾左右。波波吒吒说一上。波波吒吒听一上。普门大士。顿现八万四千陀罗尼臂摩顶授记。自有一人。

晚参。清明忘却北邙山下鬼千千。号天叩地。月晦补遗。三岔河头潮涌涌。走北行南不来还。忆君相见亦无语。眼底从来不受尘。落花流水江之渚。

望旦。早参。拈拄杖。涅槃涅槃。相续不难。现前昆仲个月前看。卓拄杖。

天雨曼陀罗花。摩诃曼陀罗花。曼殊沙华。摩诃曼殊沙华。空行不及步走。步走偏胜空行。山花开似锦。涧水湛如蓝。真是狮子儿。决定打返踯。复颂曰。现成公案不用疑。牡丹花下睡猫儿。谁家楼上横吹笛。细雨江声过客悲。

晚参。举笑岩老祖举云门示众云。佛法太煞有。只是舌头短。觉范和尚云。佛法大有。只是牙痛。老祖云。者里牙且幸不痛。舌头颇相称。只是无甚佛法可说。师云。舌头不短。牙亦不痛。佛法不无。贵乎人共。但胸中横一卍字。三千里外打喷嚏。惊起果老仙。走入毗耶城。请维摩居士安。难得难得。

早参。行脚住持四十年。几多欢喜几多嫌。人云有句乖真谛。我道无言背俗缘。西来意。觉后禅。柏子青青。桃花灼灼。当名种草列灯传。卓

[illegible]火。共说无生话。庞老固然处世能

[illegible]曾无男不婚。无女不嫁。匝地普天。

[illegible]自来宾。者里有宗旨。那边无佛法。

[illegible]其道

[illegible]禅师初开堂日。拈香毕。乃曰。众请某开堂

[illegible]座主宣扬。若说仁义礼智信。

[illegible]阐扬宗旨。又有诸方宿德和尚穿凿了也。

[illegible]三乘五性。一斧仁义礼智。

[illegible]甚么处。

[illegible]丙寅丁卯炉中火。戊辰己巳大林木。

庚午辛未路傍土。卓拄杖。高旻拄杖子搕着帝释鼻孔。东海鲤鱼打一棒。倾盆大雨。所谓云从龙。风从虎。圣人作而万物睹。年年此日当此时。汨罗江上增威武。喝一喝。急急如律令敕。

早参。举世尊敕阿难往问调达曰。汝在地狱中安否。曰。我虽在地狱。如三禅天乐。又令阿难问。还求出否。曰。我待世尊来便出。阿难曰。佛是三界大师。岂有入地狱分。曰。佛既无入地狱分。我岂有出地狱分。径山杲云。既无出分。又无入分。唤甚么作释迦。唤甚么作提婆达多。又唤甚么作地狱。还委悉么。自携瓶去沽村酒。却着衫来作主人。天宁琦云。妙喜与么批判。刁刀相似。鱼鲁参差。殊不知释迦自释迦。调达自调达。地狱自地狱。料掉没交涉。一夜落花雨。满溪流水香。师云。大小四老。

总在地狱里翻身不得。即今有为四老出得者。浑身是肉也须瘦。

晚参。小尽廿九。人人知有。大尽三十。阿谁识得。知有不识。善知时节。不识知有。痴人乱走。喝一喝。菩提萨埵萨婆诃。风流不在着衣多。拈拄杖。举乾峰上堂曰。举一不得举二。放过一着落在第二。云门出众云。昨日有人从天台来。却往径山去。峰曰。典座来日不得普请。师云。来日不得普请。一语订定云门脚跟。但天台、径山在乾峰缁素不出。要识高旻么。展两手。

早参。古人染净心无。今人染净心有。会得龙蛇易辨。更知衲子难瞒。何则。有般衲子终朝尿桶置当门。言无气息。有般衲子才觉解声。闻隔壁鸣指。儆人如此。两般谁染谁净。分疏得下。说甚己躬。如其转脑回头。连喝两喝。凤凰儿。凤凰儿。莫向那边讨。

国诞。上堂。刹尘心念可数知。大海中水可饮尽。虚空可量风可系。无能尽说佛功德。遂起身。云。当今皇帝圣躬万岁万岁万万岁。下座。

南祖忌辰供。断贯索穿祖师鼻孔。乌荳儿换禅子眼睛。兔角杖启泼天门户。虽非子证父攘。却是孙原其祖。屋里扬州。谁道败婆衫刚得一工圆。

隆觉封龛归。晚参。净洗脚。光剃头。半月半月说原由。莫将宗律为分别。端的己躬会也否。两轮日月旋糊饼。千古乾坤逐气球。日前隆觉律师鸣钟告众。念佛而终。即今位居何等。一百应当学。终不越波罗提木叉。

早参。逐鹿者不见山。攫金者不见人。分疏得下。非特日消万两黄金。亦堪应四天下供养。分疏不下。要知吃水还须防噎。虚消信施。唐丧光阴。老僧替诸人下涅槃堂始得。复举。兔角不用无。牛角不用有。两两不成双。

是处池中有月。谁家灶里无烟。有问分明向伊道。娑罗树在海南边。楚石气愤愤、口吃吃。只知其一。达摩来东土。二祖往西天。临济参黄檗。赵州见南泉。处处池中月。家家灶里烟。高旻无所有。只在嘴唇边。忽然大开八尺吞却一切。诸人向甚么处躲跟。劈空掌。云。风吹石臼念摩诃。

结冬。上堂。垂问。高旻结制不同儿戏。有智英贤转身吐气。僧出礼拜。师云。我有一问。进云。深领洪音。师云。如何是最超底句。进云。截断千江水。直透万重关。师云。怎得到者里。进云。特来请示。师云。讨甚么。僧提坐具。云。总为者个。师云。者个且置。怎得到者里。进云。蓦直来。师云。如何是蓦直底句。进云。冲破海门潮。师云。归何处。僧就坐具一拜。起。云。某甲也有一问。师云。问来。进云。龙衔雨至。鹤带云来。二仪临坛。未审是何祥瑞。师云。适来间道得不少。进云。众中久渴斯要。罕遇故知。正当恁么时。那里是和尚指示人处。师卓拄杖。进云。棒喝交驰。犹是临机使用。扬眉竖指。总属法尔如然。只如向上一机。如何举唱。师云。磬口朝天。僧又提坐具。云。若论者个本自圆成。本来具足。即今开炉事作么生。师云。锦上铺花又一重。进云。锤下拶来金片片。炉中扇起火团团。废铁顽铜一火煆。后来成个甚么。师云。菩提果子。进云。只如无面目底。出来如何下手。师云。也少者一棒不得。便棒。僧礼拜。云。切莫错打。师云。你不承当么。进云。早已收下了也。师云。山僧失利。乃云。不是灵山种。亦非少室传。敢言超佛祖。谁道别愚贤。别愚贤。池中澄湛水。灶底拨生烟。皇恩祖德惭无已。烈焰红炉日亘天。缁素众。急加鞭。结冬

连七非常事。亲到一回始话圆。下座。

早参。甲子仲冬月旦示众。小参。特劝。有理不在高声。无诤方堪息辨。人存一念之诚。天锡无疆之算。真慈慎勿多情。至恶何消一善。盆葵向日以倾。岸柳迎风而转。谩言过去未来。于一毫端顿现。夜叉头。菩萨面。相对相依隔一线。

早参。拈拄杖。滴水滴冻。天寒人寒。法法圆成。性海头头。揭露心宗。有力者负而趣之。无心者当面蹉过。若据大圆镜智。从教毛发无遗。三日前。五日后。有人道。杨柳十年如斗大。作甚据验。

解七。小参。师问。高旻有一句语早已说向诸人了也。更有出此语者么。一僧出。礼拜。依位而立。一僧出。曰。请和尚说法。师唤性天出。曰。

文不加点。乃云。文不加点。依位而立。更请说法。嘴上冰生。何人得实。性天性天。拍一拍。不可向那边讨取。

晚参。活火周遭惊内外。寒风凛冽逼冰霜。春秋责备于贤者。跃冶之金自不祥。是般事。非度量。参破一归何处后。芒鞋到处有馀香。

佛成道日。早参。举世尊。三千馀年前。腊月八日。夜睹明星悟道。奇哉。一切众生具有如来智慧德相。但以妄想执着不能证得。拈拄杖。看高旻今日。劚绝陈烂葛藤。免见枝蔓遍地。卓拄杖。无智慧德相。无妄想执著。有甚释迦不见星子眼。仍是横鼻。仍是直唇。未易红齿未易白。还会么。不妨重下个注脚。追踪六载雪山时。一种襟期孰共知。自是梵王宫里出。牢成灵利牢成痴。

出队。武林回寺。小参。拈拄杖。云。扬州去杭州。一江分明。杭州来扬州。千里不隔。已躬事。休驰求。赵州杨花。云门苏噜。琵琶弄罢忆江州。

师于乾隆五年冬。住兴化刘阜资福寺。本邑西匣商尊暨绅衿乡耆众信等请进院。

资福桥

空手把锄头。步行骑水牛。人从桥上过。桥流水不流。傅大士。应真菩萨。新资福。现在长老。卓拄杖。过桥分野色。移石动云根。

山门

何必论量高大。无庸排挞后先。卓拄杖。随我脚跟转。

韦驮

佛护当阳。那管眉横鼻直。僧安合院。从教重负轻担。共胆同心何用嘱。食轮转在法轮先。

佛殿

眼上眉。唇上鼻。八字双孔。逼真无忌。更欲支吾。翻成固必。遂展拜。云门道底。

当日众护法设斋请上堂。指座。一级高一级。一层出一层。卓拄杖。犹在山僧跨下。便升祝圣。白椎竟。乃云。如来出世。但言大事因缘。列祖西来。直指人心见性。今者见鞍思马。谁曰道行父母之邦。饮水知源。敢云柔入祖翁之室。刘阜十里。五里鸡鸣犬吠。可堪境内风光。资福三头四头。佛殿山门。尽属目前物色。玄要权实亦如是。料拣照用亦如是。又何必逢人不出。逢人便出。始称建立宗旨。天长老却有个当门句、随时句。今日进院。为汝诸人从头下个注脚。卓拄杖。搅长河为酥酪。岂是徒然。变大地作黄金。惟求实在。彻底掀翻无朕迹。从新崛起见家山。结椎。下座。

当晚。小参。新腔旧调。旧恩堪酬。不须兰阁。言下知休。推出香盘。召众。曰。虽欲勿用。山川其舍诸。

师于乾隆六年正月十六日。住杭州大雄山崇福寺。同门智岩和尚请进院。

月牙池

山门外。药师前。谁把一轮作两边。暗处明兮明处暗。横身说法绝言诠。

山门

荆榛剪尽国师心。金碧交辉宪帝旨。者个门头措足难。咄。何须直入更弹指。

弥勒

天上无。地下无。手拖布袋。胡为乎。开张笑口合难得。今日邻来德不孤。

韦驮

两袖春风。一犁春雨。感应三洲。原来在此。降魔护法冠诸天。卫佛安僧只一杵。

关帝

心存汉室。志在春秋。以实靠实。子云马周。顾左右。竹里登楼人影密。花间觅路鸟声幽。

祖师

告眾舉一大。師垂語。三句[illegible]。[illegible]垂[illegible]。[illegible]

師又舉老人。鼻孔不直也直。上有[illegible]。[illegible]座。[illegible]。[illegible]

你[illegible]貴。只此一[illegible]。[illegible]曰。[illegible]。本[illegible]。[illegible]三回未

[illegible]一[illegible]。[illegible]。[illegible]。明[illegible]日月。[illegible]。[illegible]。只此一[illegible]。

[illegible]大師[illegible]。[illegible]上[illegible]。[illegible]。[illegible]。[illegible]。

大[illegible]門風。[illegible]。[illegible]。[illegible]。[illegible]。[illegible]。

[illegible]

[illegible]尊。[illegible]。[illegible]曰。[illegible]。[illegible]。

[illegible]

[illegible]。[illegible]自[illegible]。[illegible]師[illegible]。[illegible]。[illegible]。[illegible]。

有眼必见。有耳自闻。祖师祖师。何用安心。炷香。九年面壁徒酸辛。

佛殿

在你必尊。在我是卑。遂展拜曰。暂为之计。长远切忌。

据室

大觉门风。能仁慧命。克振家声。步阔身稳。卓拄杖。云。省省。

携李信可大师率众善信设斋。请上堂。指座。无上之高。无边之广。翘一足。谁曰草莽。拈香。明齐日月。德合乾坤。祝圣躬万安。只此一瓣。仰治隆羲黄。只此一瓣。炷香曰。凛凛面南拈。本师香无端。亲炙三回先师灵鹫老人。鼻孔不直也直。呵呵大笑。就座。智岩和尚白椎。法筵龙象众。当观第一义。师垂语。三岔荆溪堪掷钓。龙渊深隐好垂纶。侬家岂是闲相识。一曲阳春调转新。问繁不录。师云。天之高也。星辰之远。苟求其故。千岁日至。可坐而致。矧乃己躬下事。原属本来。不从外得。何以一衣一食。不知温饱。一出一入。不识指归。更且不明我之所以为我者。奚若我之自我而无制我褒我者。又奚若自欺其心。自丧其志。得不畏乎。新崇福今日入院。头一日不避忌讳。兜底掀翻。直口告之。遂高声召大众。在彼无恶。在此无射。庶几夙夜。以永终誉。诗言如此。善夫善夫。复举大觉国师上堂。你有拄杖子。与你拄杖子。你无拄杖子。夺你拄杖子。召众。云。一种是声谁会得。有堪听。有不堪听。国师粒米不携。茎齑不蓄。大开门户。接纳方来。实彻成褫？直不敢不奉行。靠拄杖。无间业从波底灭。法轮常转四时春。结椎。谛观法王法。法王法如是。下座。

經四十春。警策。請現住主法。法主深契是。下座。
接紐方來。宗綱永續。直可謂不乖行。兼諸佛。无間並以流成天。法輪常
神発声流含得。有進行。有不進行。因佛指來不擬。若離了言。大千門戶。
掌。你有拄杖子。我與你拄杖子。你无拄杖子。我奪你拄杖子。各及。云。一
在我无對。盧凡風敖。以示驗學。禪言與與。善大善大。夏來大寛國師上
入院。共一日不遇舍中。說盡成板稱。直口告之。遂高声白大衆。在流无惡
故而无制放藏教者。又慕若自能其心。自表其志。靜不畏于。諸常福令日
不知溫涼。一乞一入。不可指曰。更且不明教所以害教者。集諸教之日
千安日至。可兆而改。料今已將十年。原屬未來。不可以升降。何以一衣一食。
訖。一曲陽春調採希。同優不來。鄉云。天之熏也。星辰之流。時來其歲。

祖堂供。既不受东土好。何为从西方来。四七二三。颠倒其说。总归于一。谛当甚谛当。新崇福看来。好与三十棒。何乃如是。累及儿孙怨祖祢。国师像前供。磬山峰顶云不住。三岔河头波正兴。崇福堂前花已绽。香风吹落满林春。㊂一关懿范垂先觉。万古芳规启后昆。

当日晚参。祖师道。我有时夺人不夺境。不是。有时夺境不夺人。是。有时人境两俱夺。不是不是。有时人境俱不夺。是是。祖师道过。山僧注过。诸人会过。只是一点未在。挥拂子。一笛西窗下。梅花落月中。

先老和尚扫塔。无影树头双结子。不萌枝上并开花。个般田地人难到。直指当阳问阿爷。顾左右。既然直指当阳。又问阿爷作么。蓦炷香。话到关情处。石顽也点头。

普同塔上供。以坐具打圆相。云。无论古往今来。先圣后圣。僧俗男女。长幼尊卑。尽向者个门中放身舍命。复画○相。喝一喝。囫囵无缝罅。岩下听溪声。

晚参。泼天门户。去者去。来者来。水云拨开。南之南。北之北。翻忆汾阳。饮酒茹荤。断送闲神野鬼。要知崇福据款结案。钦蒙舜日尧天。狐狼野干遁迹无方。麟凤象龙栖迟得所。只因穿石虎。殊觉放蛇长。

早参。山头瀑布多似珠帘。岩下玉尘牟成锦笺。何人着笔。千钱万钱。若作境话会。挥拂子。一箭双雕随手落。看来原是栅中鹅。

集贤苍旭大师为师翁朗彻老和尚先师慧鉴和尚木主入宗堂。请上堂。僧问。递代相承即不问。先前裕后事如何。师云。千步百步。进云。慈云

遍覆三千界。法雨均沾万国春。师云。好好记着。进云。记着个甚么。师云。是监院。是中目。问。一灯灼破百千灯。耀古腾今个老僧。识得个般端的意。负春腰石羡卢能。如何是左昭右穆句。师云。待宗堂里道。进云。大雄峰顶浪滔天。龙湫水底云拖地。如何是承上接下句。师云。鸢飞鱼跃。进云。门前嫩柳拖烟绿。槛外夭桃映水红。如何是应时及节句。师云。汝甚么自不肯那。进云。三句已蒙师指示。当阳一句又如何。师震威一喝。进云。巨灵抬手无多子。一劈华山千万重。卓拄杖。雄峰脚下佳山佳水。一曲阳春愈新愈奇。仿佛人情话会。依稀佛法商量。本是山中人。为说山中话。忽雷鸣雨至。师乃云。震法雷。鸣法鼓。布慈云。洒甘露。丈夫气概合如斯。不类常人闲举止。喝一喝。分昭分穆。逊后逊先。祖父从来不出门。还家尽是儿孙事。结椎。下座。

佛涅槃。早参。今日有。明日无。欲灭度。不灭度。捉败伊。何处是。金棺里一足露。二千七百馀年前。黄面瞿昙。半生半死。竟无伸救底人。今日雄峰远孙实彻直下伸救一上。挥拂子。书石字。下座。

寒食。小参。柳花堤。歌咏莫叹嗟。黄土垒添新面门。纸钱张挂旧光华。有剑曾蒙松坞侧。凄烟凄雨百千家。顾左右。若是奇男子。眼中不着沙。

佛日和尚讣到上供。客司报道讣音来。崇福闻之口不开。佛日轮空如灭度。尽乾坤眼着尘埃。汉杲法叔。佛日堂头。六十蒿枝。特为拈掇。昔日南泉问僧云。夜来好风。僧云。夜来好风。泉云。吹折门前一株松。僧云。吹折门前一株松。又问一僧云。夜来好风。僧云。是甚么风。泉云。

云。大佛门前一株松。又问一僧云。夜来好风。僧云。是甚么风。师云。

日吉来问僧云。夜来好风。僧云。夜来好风。师云。大佛门前一株松。僧

又庚。不是坤眼看去殊。汉是阵林。佛日堂头。六十年指。标去指标。普

　　今日和尚升到上殊。吞得恰道行音来。普福回头口不开。佛日轮空着

有剑曾紫松拐阑。连烟宴吕百千家。随方治。若是奇男子。眼中不着沙。

　　蒙食。小参。拈拄杖。来来来及鼎。黄土金添满面门。认取张拙旧生宇。

今日雄峰阔补宗植真下旬散一上。掷拂子。击石字。下座。

金指里一尺藏。二千丈百余年前。黄面瞿昙。丰牟牢死。尊之冲霄底入。

　　佛还乐。早参。今日有。明日无。又庚。不又庚。拼败子。何处是。

尽是儿外事。锯擀。下座。

吹折门前一株松。僧云。是甚么松。眼里无筋。舌头无骨。二人各与蒿枝二十。一得一失。也与蒿枝二十。千古德无屈。千佛日亦无屈。雄峰眼目岂在麻畬里著倒。炷香。鸣指一下。东家死人。西家助哀。

谢村郭君相居士领佛会众善信等。请上堂。问。春雨麦苗秀。春风竹韵清。还是大雄瑞气。还是衲子佳音。师云。古。进云。今日众姓居士。请法饭僧。所求人天福报。所求出世良因。师云。舞。进云。达摩西来口不开。佛法如何遍天下。师云。楚。进云。世尊不说说。迦叶不闻闻。和尚今日又作么生。师云。谱。进云。有口不唱无生曲。眼处闻声始得亲。师云。补。问。三界惟心。万法惟识。未审心识安在。师云。不在你脚下。便在你头上。进云。东西不辨。南北不分。因甚百草头荐取祖师。师云。伯达伯适。进云。

虚空粉碎。大地平沉。因甚闹市里识取天子。师云。仲宾仲忽。僧拟议。师云。记得么。进云。菩提妙化遍庄严。随所任处常安乐。师云。忘却下联名众。竖拄杖。金刚经云。凡所有相。皆是虚妄。若见诸相非相。即见如来。大约此话一似福建人吃荔枝。皮也去了。核也去了。送到口里。只是不解吞。若解吞者。岂独心田受益。兼之齿颊回甘。你诸人还见释迦老子是何面目。若见释迦老子面目。便见临济祖师参黄檗目。三度问法。三度被打。其后云。我当时在黄檗三度被打。如蒿枝拂相似。你诸人看祖师还见棒么。祖师是何面目么。若见祖师面目。便见山僧今日登曲盝木。竖拂。拈椎。举古明今。利生接物。是何面目。若见山僧面目。便见自己拖泥带水。拨棹而来。直上雄峰。敦请山僧升于此座。是何面目。若见自己面目。便见鹤长凫短。

驴叫马嘶。水底红尘。山头白浪。是何面目。若一一见得分明。所谓一切智智。清净无二。无二分。无别无断故。果如是也。便见自性弥陀。泥多佛大。惟心净土。水长船高。富哉言乎。诚不虚也。卓拄杖。八功德水日滔滔。五浊尘劳此已逃。把得弥陀船舵稳。还从海上驾风涛。

孤舟庵谷声和尚同恭顺大师领冯述圣、述周二护法暨众善信。请上堂。问。白云归谷口。红日正当空。鸟语花香。因斋庆赞。未审如何话会。师云。推倒黄河向下流。进云。善信男女请法饭僧。还是求福。还是求慧。师云。万里泻入胸怀间。进云。恁么则宝王座上香烟绕。施主骈臻福慧长。师云。特特问阳春烟景、大块文章。如何是天命之谓性。师云。中庸第一句。进云。仰之弥高。钻之弥坚。如何是率性之谓道。师云。中庸第二句。进云。瞻之在前。忽焉在后。如何是修道之谓教。师云。中庸第三句。进云。望中景助诗人趣。物外春归衲子家。师云。收梢大好一联诗。乃执如意。从门入者不是家珍。分明文不加点。自己胸襟流出。方乃盖天盖地。大地何妨尽是尘。大小龕公提持个事。似乎明昧两岐。若非雪老一力荷担。未免旁观者哂。崇福生来朴实。未尝节外生枝。自己胸襟流出。不必家珍。此位从来没宾主。从门入者。何妨盖天盖地。眼中瞳子面前人。岩头如此提持。崇福者拌批判。优亦任他优。劣亦任他劣。承当得下。非独祖庭无玷。要且后进叨光。是则丛林幸甚。山僧幸甚。人人幸甚。僧自僧。俗自俗。男自男。女自女。老自老。幼自幼。一一天真明妙。一一本来具足。无边行愿。利益有情。各遂所求。入不退地。置如意。结椎。下座。

幻盛有情。各從所來。入不遺失。置於意。緒構。十度。
自思。本自本。未自未。終自終。一一天真明妙。一一本來具足。見道行願。
且后道明完。是則山林幸甚。山僧幸甚。入入幸甚。僧自僧。俗自俗。是
崇福者莊嚴料。依示任依依。承示任依承。承去任下。非攝師廣元帖。奉
從來沒賓主。以門入者。何妨蓋天蓋地。眼中瞳子面前人。當其身以觀拂。
觀者瞞。崇福生來計策。未曾打外生機。自己胸襟流出。不必家珍。此伍
不是主。大小戴公握持個事。從手明珠兩收。若非曾來一竹符。未免害
人者不是家珍。分明大不加志。自己胸襟流出。方乃蓋天蓋地。大地為
筆助法入藏。佛法書何於千家。宗云。敢推大地一聯詩。乃撫受意。以門
入者。諸惡在所。若問是誰道沙彌攀。宗云。中庸第三句。進云。空中

静山大师领佛会孔、方、罗、周四护法洎众善信等。请上堂。师云。无舌人作么生念佛。问。拖泥带水忘劳倦。众信虔诚请法来。未审和尚说何法要。师云。无舌人作么生念佛。进云。若有所说。即落二三。如何是和尚不说说。师云。你因甚佛也不解念。进云。一雨均滋。三根普润。无根树子作么生润。师云。南无阿弥陀佛。进云。谢师指示。师云。不得辜负施主。问。三界大师。四生慈父。如何是佛。师云。有舌人不许念佛。进云。龙宫海藏贝叶灵文。如何是法。师云。无舌人今日开口。进云。西天四七。东土二三。如何是僧。师云。大众笑你。进云。三句已蒙师指示。众人请法又如何。师云。你笑大众。进云。河沙罪障悉消除。世世常行菩萨道。师云。一团俗气。拈拄杖。无舌人说法拖泥带水忘劳倦。无根树摇风。

海藏龙宫贝叶灵文。本来现成。森罗万象。何用饶舌。有眼分明。即令大施门开。从不纤毫隐匿。施者或百或千或万。受者信万信千信百。众信真实至诚。老僧至诚真实。若能所愿从心。端的有求皆得。复云。我不敢轻于汝等。汝等皆当作佛。喝一喝。

师至报恩。值独山沈鉴周护法得嗣。谢恩设斋。兼为远叔和尚入塔。请上堂。问。古佛入山。大众遥迎。且道一即三。三即一。师云。天高东南。进云。松声谡谡。涧水潺潺。入山后以何法示人。师云。地厚西北。进云。求子得子。求寿得寿。是神通妙用。是法尔如然。师云。耕田凿井。进云。恁么则狐峰顶上。互换宾主。十字街头。迥超凡圣。师云。家诵户弦。问。今日堂头和尚。为先老人造无缝塔。未审无缝塔作么生造。师云。石头尖

今日會此[illegible]。[illegible]

[illegible]

[illegible]

[illegible]

[illegible]

[illegible]

[illegible]

[illegible]

[illegible]

[illegible]

[illegible]

角磨风雨。进云。昔日代宗皇帝为忠国师造无缝塔。请师塔样。作么生是无缝塔样。师云。你莫向良久处着倒。进云。昔日唐皇。今朝和尚。无缝塔还有差别也无。师云。不耐着想。进云。雪窦道。无缝塔见还难。澄潭不许苍龙蟠。如何得人人觑见。师云。不得有辜雪窦。进云。恁么则撑天拄地无痕迹。千古人天共瞻仰。师云。确。乃云。生者生。殁者殁。不容强为。后者后。先者先。岂涉勉力。八十一老固成老。百岁儿寿当更寿。钱一文。钱二文。钱三文。随机应变。公一位。侯一位。伯一位。逐步争荣。乡人皆曰贤。国人皆曰贤。天下皆曰贤。荒陬要服亦皆曰贤。贤至三世历代。乃至尽未来际。远叔冥漠中抚掌曰。贤沈儿。襁褓中。颠头曰。贤贤可尊。而不可亵。贤可会而不可说。举如意。四方玉柱玲珑石。大块文章锦绣香。

采茶。晚参。举沩山摘茶次。谓仰山曰。终日秖闻子声。不见子形。仰撼茶树。沩曰。子只得其用。不得其体。仰曰。未审和尚如何。沩良久。仰曰。和尚只得其体。不得其用。沩曰。放子三十棒。仰曰。和尚棒某甲吃。某甲棒教谁吃。沩曰。放子三十棒。师云。好六十棒。只是赏罚不明。明得赏罚。方堪共语。崇福幸无声闻形见。一众安和。那肯瞒人自瞒。区分体用。采摘时烘焙。烘焙后客来。抚膝一下。竹笕山泉带月烹。

荆溪海会首座道源和尚同徒耀禅。为本师量宏和尚木主入宗堂。请上堂。问。圣月清光连海会。龙渊正脉透荆溪。为复是人天师表。为复是佛祖纪纲。师云。情知上座舌头生骨。进云。石磬玄音传万古。雄峰奥旨布三千。师云。还我一句来。进云。江南两浙居丛席。三会龙华事宛然。师云。一程隔一程。

进云。久战沙场三箭稳。金坛玉帐许谁知。师卓拄杖。进云。恁么则赤帜横挥去也。师云。三更时分失昆仑。进云。刁斗依然鸣未休。师侧视。嘘一嘘。问。临济大师云。第一句荐得。堪与佛祖为师。如何是第一句。师云。我不开口。汝作么生荐。进云。第二句荐得。堪与人天为师。如何是第二句。师云。我说了也。汝作么生荐。进云。第三句荐得。自救不了。如何是第三句。师云。第四句为我续来。进云。三句已蒙师指示。即今海会和尚木主。未离海会。先到雄峰。又作么生。师云。好一个第五句。汝说不全。僧一喝。归众。师云。也是尖头戴纸帽。乃云。舌头生骨。龙渊正脉透荆溪。赤帜横挥。久战沙场三箭稳。一程隔一程。不怕昆仑失却。三句共五句。依然刁斗鸣声。嘘一嘘。宗堂中分昭分穆。垂帘内谁尊谁卑。漫道尖头戴纸帽。

金坛玉帐夜灯明。

高旻还山。值自恣日。小参。召众云。未开口已前。说甚么法。僧云。不因师举。几乎忘却。师云。是甚么法。僧喝一喝。师云。者是开口底法。僧默然。师云。既开口已后。说甚么法。僧云。拄杖子七纵八横。师云。你道为你说答你话。僧无语。师便棒。乃云。江河莫挽势。祖令若轰雷。昆仑玉碎尽。足下绝纤埃。喝一喝。结无不解。解无不结。木童鷓冠。石女巾帼。相对依依。眉毛撕结。花花叶叶冷斜阳。漫道一江千里隔。

因事小参。卤莽岂是无心。分疏谩言有意。仲宣鸣驴。叔夜煅铁。方领难亲。折巾莫亵。良马行鞭影。世尊未必发。粗钝牛。吃蒺藜。崇福何尝动气。休道山僧素无隐忍。自来家法难为凑泊

出一路。有風[illegible][illegible]風[illegible]。有虎穴入虎穴。僧者(人)。覺山幸見山僧者(公)。資福幸見山僧者(公)。更有一个幸見山僧者。梯棒橫肩不顧人。當時天高地厚難酬德。高人幸見山僧者(下)。崇福未見山二千石聲價拄。……有高見大生思重。於此(?)上事。何時休言。崇福遷院。上堂。問答不錄。拈拄杖。八月離鄉來之。老各早已指諸方。辛勤。密密看來。師姑原女人。女人未必師姑做。良久。可以行則行。可以止則止。可以久則久。可以速則速。莫遲疑。須辦畢。回來點檢。未審者近。觀源無夜。元祐永存十一年。千載且守須臾。光天蕭然。大家看个个眼兒。明眼不昏暗。天然真源。合个難思。西屏石佛庵主道叔大師。中秋節請上堂。乃云。青青白白云。云黑水几。

石佛庵主海聚大师。中秋节请上堂。乃云。奇奇白头翁。产黑头儿。龙天推出。大家看个个男儿眼。瞎眼不瞎眼。天机莫测。至化难思。西屏那畔。回光返照。东案者边。觌体无依。龙湫水与十一峰。斗额且待须臾。良久。可以仕则仕。可以止则止。可以久则久。可以速则速。莫迟疑。须卓朔。密密看来。师姑是女人。女人未必师姑做。

崇福退院。上堂问答不录。拈拄杖。八月雄峰承乏。恶名早已播诸方。二年石磬住持。冤结徒然增积劫。惟有高旻业累重。铁枷项上卸。何时休言。榔栗横肩不顾人。贵识天高地厚难酬德。高旻亲见山僧者(人)。崇福亲见山僧者(厶)。磬山亲见山僧者(公)。资福亲见山僧者(从)。更有一处亲见山僧者。喝一喝。有风毛飞风毛。有虎穴入虎穴。

拈古

赵州因僧侍次。指火问曰。者个是火。你不得唤作火。老僧道了也。僧无对因缘。

明修暗度不无。二老设使者僧瞥开只眼。看他二老何处躲跟。

翠岩上堂。一夏与兄弟东语西话。看翠岩眉毛在么。长庆云。生也。云门云。关。保福云。作贼人心虚。翠岩芝云。为众竭力。祸出私门。

四大老检点最精。未免在翠岩分上。诬人之罪。以罪加之。遂稽首。高旻终不轻慢一人。

南泉曰。马祖说即心即佛。王老师不恁么因缘。

父父子子不无。二老争奈被这僧看破。遂劈一掌。

父父子子不亡。二老争奇设因缘败。遂弹一掌。

南泉曰。恁么说话争。王老师只恁么因缘。

稽首。高峰终不放过一人。

四大各离今在甚处。未免在识情分上。迷人之罪。以罪加之。遂

云门云。光。东福云。作贼人心虚。翠岩云。不只一路。苏出东门。

华藏上堂。一真已见本来面目。慈云眉毛拖地。东庆云。未亡。

明修暗度不亡。一者安在。绝声开只眼。昔日一者何处发现。

僧参升四缘。

赵主因缘不。哲大河曰。普个真大。开不得发作大。未信道可知。

拈古

南泉昨夜三更失却牛。天明起来失却火。
贼也贼也。却是南泉招得。

云峰因僧问。如何（如）［是］心地法门。峰云。不从人得。僧云。不从人得是如何。峰云。此去衡阳不远。妙喜云。云门即不然。如何是心地法门。不从人得。不从人得时如何。看脚下。楚石曰。或问天宁。如何是心地法门。不从人得。不从人得时如何。早晨有粥。斋时有饭。

不从人得且置。毕竟如何是心地法门。管教三老口吃十分。今日有人问高旻。如何是心地法门。但向道。汝做贼不曾破。为甚先怕倒赃。者僧暗疾一发。自然合得。方理不从人得是甚寐语。喝一喝。

僧问长沙。南泉迁化向甚么处去。沙云。东家作驴。西家作马。僧云。未审意旨如何。沙云。要骑便骑。要下便下。妙喜云。今日或有人问。云门、圆悟迁化向甚么处去。即向他道。入阿鼻地狱去也。未审意旨如何。饮烊铜汁。吞热铁丸。或问还救得也无。云。救不得。为甚么救不得。云。是者老汉家常茶饭。楚石云。若欲报德酬恩。须是长沙、妙喜忤逆儿孙始得。虽然珊瑚枕上两行泪。半是思君半恨君。

楚石云。珊瑚枕上两行泪。半是思君半恨君。此二语拈南泉即是拈妙喜。未在。何故。珊瑚枕上两行泪。半是思君半恨君。

忻州台翁因无著问。莫是文殊否。翁曰。岂有二文殊。著便作礼。荐福怀云。无著只有先锋。且无殿后。老翁若不隐身去。有甚面目见无著。

荐福只见锥头利。不见凿头方。殊不知台翁若有面目见无著。何必隐身去。

慈明到芝和尚寮中。芝座间开盒子取香在手欲烧次。师问。作么生烧。芝便炉中放。师曰。牙郎当汉又恁么去也。

好一瓣香总烧不着。

惟政禅师因唐文宗嗜蛤蜊。一日御馔中有擘不开因缘。硐南音拈蛤蜊说法即是。惟政注破即不是。

音老也是以五十步笑百步。终不奈蛤蜊何。

赵州勘婆因缘。

婆气婆气不婆气。赵州如何勘得破。良久。不婆气得么。

要觅宋雀卢龙。更须倒却门牌始得。

赵州闻沙弥喝参因缘。

快便赵州被沙弥换却一只眼。幸侍者在门外。

赵州因尼问密密意因缘。

以手捏尼。却是密密意。只是太杀漏逗。若不是者尼。也大难承当。

麻谷持锡到章敬南泉因缘。

绕床三匝。所以受二老委曲。若更绕一匝。莫说二老。纵教诸佛也窥觑一点不得。作振锡声。麻谷麻谷。

西堂智藏曾烧杀一僧。一日现身索命因缘。

尽道者僧索命。不知索死。当时西堂云。火发也。火发也。看

赵州井楼上打水因缘。

险险。还知南泉救赵州处么。拍案。一二三四五。

临济栽松因缘。

虽曰父子。争奈无大人气象。横按拄杖。看高旻为他扶正去也。掷拄杖。呵呵大笑。

（右）［古］德曰。我三年前曾断一人命根。而今日夜忧愁。如何免得。

自首者原其罪。

初祖迦叶尊者蹋泥次因缘。

祖师好力量。只恐不充。

阿难问迦叶传金襴袈裟因缘。

阿難近處下作全提家深因緣。

祖師殊力量。只說不盡。

初祖達摩尊者說六因緣。

自首者原其罪。

（舉）「古」德曰。教三千前當斷一人命根。而今自救不了。爭何免得。

擲拄杖。呵呵大笑。

趙州父子。爭奈天大人之象。讓於拄杖。普賢文殊拄杖上去。

諸佛出世因緣。

陞座。還知南泉教趙州事公。詰來。一二三四五。

教主年拜上打木因緣。

一个滑如一个。

迦叶因外道问。如何是我我因缘。

当时尊者道。得个我。识你是真外道。免见狼藉。

三祖商那和修问鞠多尊者。你年几耶因缘。

好一则向上因缘。被者两个草里汉论得七零八落。致令天下后世人妄生穿凿。侧一掌也是祢衡挝鼓。

四祖优波鞠多。因访一老比丘尼。才入门乃触碎钵盂因缘。

粗中细。细中粗。复云。高旻是何心行。

安国玄挺禅师因僧问。五祖云。真性缘起。其义云何。祖默然。时师侍次。乃谓。大德正兴一念问时是真性中缘起。其僧言下大悟。径山杲云。未兴一念问时。不可无缘起也。时有僧云。未兴一念问时唤甚么作缘起。妙喜云。我也只要你与么道。

高旻有六十棒。为他古德张罗。二十棒打玄挺。不合教坏人家男女。二十棒打者僧。如何听信谗言。二十棒打妙喜。因甚龙头蛇尾。更有二十棒。是赏是罚。

鸟巢道林因白居易问佛法大意因缘。

鸟巢墙堑虽牢。终被俗人窥破。

百丈开田因缘。

以德报德。一个较似一个。若教正眼观来。彼彼不无过失。何故话在。且道高旻还免得么。弹指。云。敕。

世尊与阿难行次。见一古佛塔。世尊作礼因缘。

过去是现在弟子即且置。现在是甚么人弟子。

牛头法融因四祖到山见虎因缘。

省即不无。争奈牛头生陷虎坑。

国一因马祖遣人送书到。书中作圆相因缘。

始作俑者其无后乎㊉。

颂古

雪峰低头归庵因缘。

落日秋原净。分花曲水香。牧童平野外。牛背笛郎当。君不见。出门西向望长安。千亩渭川谁是客。

长沙因张拙秀才看千佛名经因缘。

莫不是。莫不是。老君曾作史柱下。今何人。千年穿故纸。

子湖狗因缘。

珍重子湖狗。门牌曾见否。当面如蹉过。谨防重一口。

四祖优波鞠多访老比丘尼触碎钵盂因缘。

不生愁已苦。更欲泪成痴。花落三春后。东风昼夜吹。

茶毒鼓挝。闻者皆丧。因甚击鼓者不死。

闻者丧兮挝不死。自倒从来还自起。拟议思量落二三。何曾摸着自家底。

从来苦瓠连根苦。端的甜瓜彻蒂甜。祖师门下原无事。临济何曾解白拈。

百丈开田因缘。

以一重兮去一重。冬瓜瓠子不相同。摩醯眼具那吒面。不入花丛入草丛。

世尊睹星因缘。

六年枯坐静无瑕。一睹明星眼便花。招箭当时犹自可。垛生后世令人嗟。

世尊初生因缘。

白玉琢成西子骨。黄金铸就伍员心。良工大冶归何处。岑寂至今孰共吟。

盐官犀牛扇子因缘。

盐官扇破索犀牛。侍者有言无口酬。连累古今随氀氀。可曾将出一毛头。

扇破无端便索牛。须知有意在钩头。几多错认盘星者。千古令人笑不休。

丹霞烧木佛因缘。

不信丹霞烧木佛。谁云院主堕须眉。依他作解传宗旨。只恐身遭拔舌犁。

投子问僧。甚么处来。曰。东西山礼祖师来。师曰。祖师不在东西山。僧无语。

斜阳西照半衔山。旅雁嘶声客玉关。带得万金书一尺。十年魂梦泪潸潸。

夹山在沩山作典座。二年同一春因缘。

两年同一春。龙宿凤巢里。杰出丛林时。谁甘挂颊齿。

临济栽松因缘。

长年深有种。密缕暗生凉。播得东风转。凝停一大荒。君不见。

己社重要嬴五宠。从教偃盖影苍苍。

赵州因僧问四山相逼因缘。

无路是赵州。四山逼不逼。别宝饶回回。胡猜与乱卜。

殃崛产难因缘。

名重好题诗。地肥易生菜。个中端的人。决不心驰外。

五祖演示众庭前柏树子因缘。

春足葡萄新叶满。摇阴叠叠度墙东。空疏漏月三更冷。隔幕犹添一扇风。

五祖。牛过窗棂。

金勒不知贵。麻衣莫漫新。屏衢三岔口。杨子泪纷纷。

南泉问僧。夜来好风因缘。

得失谁将得失看。少年红皱老年斑。月明台榭光如许。隔树云开山对山。

赵州。水楼上打水因缘。

一二三四五。添水还添火。急急下楼来。谢师饶一着。错错。花须连夜红。莫待晓风破。

慈明挂牓。

紧策泥牛山上走。层层蹄印破苍苔。木童轻控黄金索。相靠相挨那畔隈。好须着。莫疑猜。汾阳六子一人乖。

甘贽入南泉设斋请施财因缘。

一度施财两度施。得便宜处落便宜。黄花径里薜萝雨。愁杀绩娘声更悲。

代古

宋太宗皇帝幸相国寺。问僧。看甚么经。对曰。仁王经。曰。既是朕经。因甚在卿手里。僧无对。

至化无私。

帝问僧。卿是甚么人。对曰。塔主。曰。朕塔因甚卿作主。僧无对。

光被四表。格于上下。

帝问僧。甚处来。对曰。庐山卧云庵。曰。朕闻卧云深处不朝天。卿因甚到者里。僧无对。

山规。

帝因藏经被回禄欲乞宣赐。乃名问。昔日摩腾不烧。今日为甚却烧。

僧无对。

最嫌者雷同。

帝因僧入对次。奏曰。陛下还记得臣僧么。帝曰。甚处相见。曰。灵山一会。直至而今。帝曰。卿以何为验。僧无对。

臣僧初度三十。

帝一日擎起钵问。丞相王随曰。既是大庾岭头提不起。为甚却在朕手里。无对。

不忘授记。

帝因梦神人劝发菩提心。次日问廷臣。菩提心作么生发。群臣无对。

华清水未冷。

帝因僧进三界图。帝曰。朕居何界。无对。

谨领圣旨。

老宿问一座主。疏钞解义。广略如何。主曰。钞解疏。疏解经。宿曰。经解甚么。主无对。

你问不如我问。

昔有僧因童子上经次。僧令著函内。童曰。某甲念底。向那里著。僧无对。

恰好明日再上。

泗州塔头侍者及时锁门。有人问。既是三界大师。因甚被弟子锁。者无对。

年深谢事。

有一行者。入殿向佛唾。法师曰。行者少去就。何以唾佛。行者曰。

将无佛处来与某甲唾。法师无对。

行者无知到底。

有道流背佛坐。僧曰。道士莫背佛。道流曰。大德。佛身充满于法界。向甚么处坐。僧无对。

道流手长。何似僧人脚长。

有人问僧。点甚么灯。僧曰。长明灯。曰。甚年点起。僧无对。

我不记得。你却记得。

一长者因僧托钵来家被狗咬。长者乃指其僧所披袈裟曰。才披一缕。金翅不吞。大师全披法服。为甚却被狗咬。僧无对。

狗子认山僧不得。

垂问

三岔河直截东西南北。不假舟楫。如何得渡。既渡津矣。直须入门。不动脚跟。如何进步。入门须辨主。不用如何若何。不用单刀直入。作么生得宾主相见。

佛事

宝弘耆宿灵骨入塔。举骨㮈。云。齿尊腊长。功密行深。标榜山门。德钦龙象。满望同光祖刹。讵知闹里抽身。辞世偈自道了也。起龛句维那道了也。荼毗语知藏道了也。今日入塔。山僧有个末后句更为道破。呈起㮈。一片无尘新雨地。半边有藓古时松。目前好景人皆见。取用谁知各不同。遂骨㮈。宝弘老宿莫道山僧说法。

首座见无和尚封龛。坐平地上。何足言之。过荆棘林。方为好手。若在见兄和尚又且不然。平地上自在安闲。荆棘林安闲自在。十方无壁落。四面亦无门。通处没虚空。碍处非墙壁。蓦举封条。传临济宗第三十五世。圆明堂上。见无和尚。现成公验。验后如何。儿孙得力。室内不知。遂封。

起龛。只顾羊卵子。不顾羊性命。存日与师语次。曾有此语。一闻斯语时。已悉还家信。如何又拨转船头。珍重法门。全牛令。全牛令。谁能并五。十五年。一老禅。泥牛倒跨那伽定。

茶毗。秉炬。一条脊骨硬如铁。坐断十方谁点额。以炬打圆相。死柴头上放光明。尘说刹说炽然说。说个甚么。掷炬。一叶一释迦。一华一佛国。

首座见元和尚圆寂供。同条生不同条死。笑破虚空牛边嘴。惟将一滴龙渊波。涨起钱江万派水。嗟哉。我见兄和尚出身徽郡。学历诸方。丝系须弥。杖挑日月。不独目空龙象。且兼堪辨堂头。末到大雄山内崇福室中。却被先师云头打落。是以潜踪檇李。小隐圆明。烹秀水茶。煮嘉禾饭。不辞斗室。接纳方来衲子。云臻士人。信向高旻。请分半座。允诺余光。本非扬己抑人。要在求贤重法。正好同明至化。共唱宗乘。讵知旧恙新生。阗然趋寂。以致水云悲仰。佛祖攒眉。不才一向心如铁石。未免如今泪湿伽黎。做一碗羹。献一杯茗。不言报德。谁道周情。炷香。见兄见兄。其如雄峰之空点首何。

灵骨送至嘉禾圆明安位。举骨椟。今日有狮子窟中狮子吼。明日无西天胡子没髭须。高昊圆明本无二。致吴歌楚韵煞有多般。是故风吹不入、火烧不热者。是我见兄和尚生平直心直行。成己成人。全主全宾。彻头彻尾。用不尽底一著子。且作么生安置。遂安位。现成公案。广润火头。起龛。小阳月令初晴时。报道亡僧不我知。莫谓行人无行力。天教梅绽岭南枝。急荐取。莫迟疑。掀转虚空骑背上。前头大有好佳期。

荼毗。执炬。性空真火。十月莲开无二朵。性火真空。亘天烈焰不重逢。直下两头俱透脱。方知衲子大豪雄。擲炬云。轰。

且过亡僧起龛。吸尽西江水。到来三岔河。竿头重进步。红叶满岩阿。遂指外。云。往前去。

荼毗。秉炬。我不识你。你不识我。不识灼然。无非把火。擲炬。一茎草上定乾坤。泥牛摆脱黄金锁。

奇智老宿起龛。耆宿僧。丛林宝。欢喜多。烦恼少。虽然百事不干怀。六字弥陀常了了。八十五年空合空。无端昨夜晓分晓。泥牛倒跨入那伽。木马擎飞出云表。虚空背上觅宗由。无面目人叫苦恼。休苦恼。为君保。六月莲开顶上枝。莫教忘却来时道。

茶毗。我无恩及你。你有惠兼我。恩惠岂无分。分明一把火。投炬。咄。没处躲。

澄闻藏主起龛。师云。参禅何必悟。阅藏不须完。觌体风流句。生前早为宣。澄藏主。老同年。这说话。可曾圆。卓拄杖。折角泥牛无觅处。空空背上路便便。阇维。以火炬打〇相云。性空真火。五月莲开奇特朵。性火真空。死柴头上绝形踪。端的衲僧行处别。亘天烈焰一条红。掷炬。

为圣水禅人起龛。拈拄杖云。关东生。扬州死。生死由来有定止。身转涅槃堂里时。一超直入如来地。圣禅人。忙荐取。以拄杖击龛云。起。

茶毗。执炬云。非柴却是火。是汝却非我。汝我甚分明。知君没处躲。没处躲。擲炬云。火里优昙花朵朵。

为卢母朱氏安人对灵小参。缁素分明不隔津。时丁二月值中春。涅槃后有大人相。莲绽金台身外身。异哉。卢母朱老安人。夙世栽植。今生现成。邻里致和。族亲钦敬。孝事翁姑而不怠。规箴子女以全勤。正宜偕老北堂。谁料别赀西土。非独见之流泪。且兼闻者动悲。兹当七七之期。虔命六和之众。经宣秘典。咒诵真诠。岂是周人情。惟希受佛记。呀。天上人间无觅处。脱然身在藕香池。

慧鉴和尚木主前上供。代付苍旭法侄。甚是异。甚是奇。眼开梦作三更时。能仁现瑞明明说。条令森严有此儿。以拄杖度苍侄。夜来屏风。西畔云封。谷口笔架。东边雾锁。山头吴房室。分明大觉风。光月牙池。直指当人心印。咦。九峰掀倒连天秀。三洳踢翻彻底清。脚下流通成现事。大雄奇特待奇英。

朗彻老和尚、慧鉴和尚木主入宗堂。捧木主。八十二。七十三。师资契合面无惭。法身清净难回互。十月霜风叶满阶。

慧鉴和尚灵骨入塔。捧骨榇。玲珑高四面。突出风光寒。黄金锁子骨。放下谁相瞒。遂安骨榇。风敲翠竹琴三弄。月上青山玉一团。

报恩沧州和尚请为本师还闻老和尚起龛、入塔。就普慧龛前上供。不居尊贵。着敝垢衣。惟存古风。无少驰懈。此是老叔生平之实践也。八十一年住世。三山四会开堂。宗教两通。佛祖机缘灯是火。自他兼利。人天眼目镜非台。起圆照之家声。疏缃溪之法脉。金车宝华。宏宣戒法。龙溪荐福。大唱宗猷。实彻虽未经烈烈炉锤。亦曾被谈谈耳面。共期慧日长悬。岂料一棹不归。波涛骤涌。今日焚香煮茗。于青天白日之下。意在

衣裏。出葬一接不归。以沫蘇涸。今日共香煮茗。千青天白日之下。意
氣渙葬禍。大悲未離。家法本絲。河源布錘。宗曾撫孩耳面。共期楚旦
入天眼目鏡非合。燕圓解入家声。鏡鑑讓之法標。金身宝法。宗宣放法。
八十一。羊何也。三山四合开堂。宗教西遍。佛道抗無行是大。自他兼利。
不居尊貴。者教不衣。佛祖古风。天下之共禪。此是最最至于今之宗風也。
　抵遇合掌和尚請来本師正固來和尚送會、入塔。禪普覺會前上床。
放下拈柏讚。道宗宣禁。风嚴寒升年三年。月上青山王一回。
　慧茶和尚兄晋入塔。春雪禁。吟洗高四面。宗世风未寒。黄金鎖子骨。
與合西天海。法身清淨輝回互。十月霜风叶满汀。
　明翔来和尚、甚深和尚木主入宗堂。樵木主。八十二。七十三。师資

于何。插香。碧梧栖老凤皇枝。

起龛。何故虚空剜窟窿。人间别是一壶天。溪边曲水岩头石。直蹋金车最上巅。

龛至报恩。上供。不献跛师饼。宁呈赵老茶。果蔬堆满案。盘碟尽皆佳。顾左右。还当得实彻供养么。奠茶。云。嗏。入塔。秉如意。叫不响山一所。无阴阳地一片。无根树一株。供养法叔大人。法叔决定点首。置如意。进骨榇。清风动大地。

量宏和尚木主入宗堂。北斗藏身不是身。虚空开口亦非口。大雄峰顶浪滔天。海会堂前花满地。此日金毛正哮吼。遂安位。紫罗帐里阿谁识。

隆觉冶牧老和尚封龛。裂破虚空狮子吼。须弥倒卓乾坤走。千华台上影无踪。脚下清风大地有。恭惟中兴隆觉第一代治牧大律师、老和尚。中州降迹。慧居分灯。光烛地天。明超日月。七十二年住世。德若冰霜。三十二载开堂。心如水月。遐迩信向。圣凡皈投。正堪日丽中天。争奈云兴大地。以致人天失怙。佛祖攒眉。高旻前来不图担水河头。宁曰借花座上遵奉遗命。义不容辞。由是别立玄关。直指生前面目。宏宣妙谛。流通末后光明。老和尚于大定光中默然忻然。罔非契洽深衷。拈封条贴云。性空无我我无故。无影林中常独露。

海会量宏和尚供。镬头边觅得一个半个。藤杖下谁论是圣是凡。为人谛当处事精详。世出世间一肩担荷。所以敬遵师命。十八年作海会主人。任持不易。几遭擘悖。于虎狼队中。二六时。怀祖翁田地。守成尤难。敢

耽枯寂。于烟霞影里。殿堂焕彩。金碧交辉。祖德流芳。皇仁浩荡。正好高提祖印。炤耀人天。岂期倒驾慈航。痛伤云水。炷香。大哭曰。量宏法兄。昔年有是有非。今日无非无是。直得有无情尽。同条生不同条死。愁杀高旻寒覆齿。脚下流通事若何。磬山书偈原如此。

为剃度师翁兰佩老和尚扫塔。把茅盖头。烟冷斋厨。不是。大座当轩。奔驰龙象。不是。喝似雷轰。机如电扫。不是。舍己从人。裕后先先。不是。顾左右。总不是。总不妨。师翁十分操持。十分作略。锄斧子抛向刘庄场边。十人九人认是大随覆龟底草鞋。展具三拜。

为剃度先师贯之老和尚扫塔。不奘浴池揩辈。宁云古佛无光。积代簪缨何足问。金毛本是兽中王。翻忆昔年芟染日。不存毫发沐恩光。塔头亲到如何话。一盏清茶一炷香。遂礼拜。无端非异调。有意待鸾胶。

为先父母并祖父母叔父母墓道拜扫。析骨还父。析肉还母。然后现本身。为父母说法。那吒用心太过。说法欠周。何似高旻一法该一切法。法无不该。情无不备。生身父母一法。祖父母一法。叔父母一法。一法云门饼。一法赵州茶。一法木札羹。一法铁钉饭。一法郑州梨、青州枣。一法兴化藕、部伯菱。更有一法一法。名众曰。山僧气急说不出口。大众为我说看。众默然。师云。肫肫其仁。渊渊其渊。浩浩其天。一焚象藏连云黑。从此肝肠虑未捐。

东禅和尚供。恭惟卍光法兄和尚。其生也降迹闽汀。龆年藏染。其住也学游江浙。遍扣关键。其异也一参雄峰。大省前非。其灭也复主东禅。

先許春。即以見同非見同。古詳堂上老和尚。夏字寧。宗道居果齋。
不離者个。者个太旧。者高具壽添一炷香也。二三十年先諸佛菩薩。四五百年
住也。不離者个。一十四然丹霞。不離者个。乃至回依自在輪王會。說
金溪吉祥寺亭長若肯住金環。藏經樂云。吉祥成祖長大和尚。又十六年
曰。不違者成年上。凡許摩十摘請風。
生入出家。連白話語。若說來千斗斧要乃至百年分諸眾。良久。云者。
十疑難大眾。本來面目依然。頭拈放下見和尚。古今一會。拈吏云何。
默然不語。即今若道有生住異天。隨語同門。若道無不異住生。非歸大定。

飘然长往。即今若道有生住异灭。涂污同门。若道无灭异住生。欺瞒大众。于此能开只眼。本来面目依然。须知我卍兄和尚。内外一如。彼此无间。为人为法。慎而端详。岂碌碌于尘劳驴马队中者可同年而语耶。良久。炷香。曰。无缝塔成玉峰上。儿孙脚下播清风。

金陵吉祥宇亭老和尚讣至供。蓦竖拳云。吉祥叔祖老和尚。七十六年住世。不离者个。一十四刹开堂。不离者个。乃至归休自决辞世掩龛。总不离者个。者个太旧。看高旻新添一头去也。二三千处管弦楼。四五百条花柳巷。即此见闻非见闻。吉祥堂上老和尚。复竖拳。你道好供养。

行状

师讳实彻。字天慧。江南扬州府兴化县。族姓唐。父君宠。母万氏。生于康熙癸亥年十月廿七戌时。夙禀灵根。备福德相。年十九弃室。投本郡报恩庵贯之和尚薙染。贯见师颖异。示以本来面目话。圆具后首参普明浪山和尚。随众打七。第五日。闻敲庭柱声有省。自此机锋敏捷。愈加精进。遍历诸方。虽多所启豁。然师终不自肯。仰崇福灵鹫师翁道望。特往参叩。翁一日堂中垂问。竹篦子蹦跳上三十三天。触着帝释鼻孔。因甚东海龙王发怒。师云。张公吃酒李公醉。翁叱曰。大好老参。一句合头语。万劫系驴橛。师当下汗流浃背。凝滞顿释。密举佛祖向上巴鼻。无不迎刃而解。由是分座领众。授以衣偈。师赋性耿介。操履真实。历三十年行脚。丛林有声。雍正十一年。

恭遇世宗宪皇帝访大觉普济能仁国师法裔。师奉诏。名入禁廷。奏对契合。蒙赐紫衣钵杖如意等等。十二年。钦命任常州磬山圣月寺。十三年。复奉敕移任扬州高旻寺。师凡任持。一一家风悉循古道为法。为人曾无一息少懈。至于机要犍椎。学者罔能凑泊。乾隆五年。任兴化资福。六年。任杭之崇福。两院皆高旻分摄。是以驻锡未久。至十年春。偶示寒疾。辄命营办后事。遣人驰书江苏织造部堂图大人举圣继席。三月廿八日圣既受命据座。四月初三寅旦。师说偈曰。不道未生前。谁云已生后。临岐一句子。大地如雷吼。偈毕端详而逝。世寿六十三。僧腊四十三。呜呼。圣不敏。虽得及门有年。何能窥堂奥于万一。今兹琐琐。殆表吾师之概焉云尔。嗣法门人际圣谨状。

塔院记

武进之奔牛镇有地曰董墅者。扬州高旻寺天慧禅师塔院建于斯焉。师塔曷为建于斯也。师于雍正十二年春。世宗宪皇帝钦命往住常州磬山圣月寺。明年敕任扬州高旻寺。乾隆十年春迁化寺中。其门人了公长老遵旨在寺继师法席。奉师龛于方丈。顶礼者将四载。未得营葬。事缘高旻寺与圣祖仁皇帝巡幸行宫相通。未敢于本寺窆师塔。欲归磬山。力又所不能。了公弟子化南。在武进之斋僧馆中有年。尝置买邑人谢氏民田若干亩。即所谓董墅者也。田之中嵌有社坛旧基。乾隆丙寅岁。奉宪名垦。谢领垦。未成熟田。寻将己产售僧。遂告有司以化南接垦。而输粗于其官。了公因有是田。欲葬师于此。未敢擅行。亟请于织造部堂图公。公许之。且命人为

之督理。了公又遣僧众闻于同门之住锡四方者。乃于己巳岁三月六日率化南与寺之僧众。葬师于斯地。从而建塔焉。其田之四围累石为墙。墙以内构屋数楹。使化南守之。庶得历久不致湮废。而塔有学士巨川戴公碑铭。叙师之姓氏道行最祥。兹不复载。但记其塔院之所由建而已。乾隆十四年四月朔日。奉直大夫刑部云南司员外郎法弟刘益拜撰。

嗣法门人

了凡圣　用周照　大畏望　廷玉义

慧皎光　道安参　中目鉴　彻堂会

问己住　妙南玉　省彻悟　晓峰良

鉴堂原　昙瑞莲　从闻修　法传玺

月江定　维圆勉　沛灵源

济南远　广修参　月泉清

别山　敏学问

四儀已繁上理。乃又加要會數。據見詳源。畢擇揀群向上。治阿又乃。蓋
正十年以前。雖次固習以遺于諸天下。未言一語及于禪法。適十年以後。
而再度其所。威也宗實宗書歲利處也。禪源雖存。乃佛法二者也。禪自衛
三處，度以千里。雖大宗入出於千也。乃教禪分來行宜應。旣能大固其所。
即有深淺禪而無，叔以言行者。以記于其道以真。而乃非外道以外道。蓋又
即有非非禪者。以外乎道以道。乃道而非其致。有非非禪者。以適以外乎道以道。
禪而上意。是道也。不可謂受離也。下自非道也。然古禪以斯道而非者。
即天地乃為同樂一体以道。禪佛以演於其大原而存其真宗。斯也然其迴向
元上大道流者禪語。禪非禪者于天地乃善而自為一道以尊于天上者。蓋

賜紫衣住杭州高麗寺天慧因華嚴禪寺塔語

赐紫衣住扬州高旻寺天慧彻禅师塔碑铭

无上大道惟有佛法。佛非超乎天地万物而自为一道以尊于无上也。盖即天地万物同根一体之道。惟佛之觉得其大原而传其真际。斯世出世间莫得而上焉。是道也。不可须臾离也。可离非道也。然有佛以斯道觉斯民。即有非佛者。以外乎道之道。为道而树其敌。有非佛者。以道之外为道。即有学佛而剽、拟近似者。以乱乎至道之真。而为非外道之外道。盖差以毫厘、谬以千里。惟大圣人出兴于世。与我佛如来心行相应。始能大固其统。而严设其防。此世宗宪皇帝威神愿力。巍荡难名。与佛无二者也。溯自雍正十年以前。惟以周孔之道平治天下。未尝一语及于佛法。迨十年以后。四海已臻上理。乃以万岁馀暇。接见禅流。时时提持向上。若恐不及。盖深悯诸方末法之衰。传道者愈多。见道者愈少。见道者愈多。行道者愈少。故不惜出其大仁大智。辅翼振德。翼普天开堂秉拂之流。皆能共朗慧灯。以续我佛之慧命于无量无边者也。余于雍正十三年供奉内廷。侧闻缁侣中得正知正见者。步得数人。悉由至圣恩加奖励。钳锤锻炼。得入圆顿妙悟之门。而若天慧彻禅师。独以国师之法裔谒见至尊。深造至道。投合无间。实能自利利他。尤为奇伟绝特者焉。余熟耳师名。恨未得一见。既久。深饥渴于怀。近者㚇婴末疾。风痰偏废。枯木朽株。虽世外事。了不相关。而师之法嗣际圣者。乃由扬州高旻寺致书于余。寄示师之行状。称师以乾隆十年四月示寂。将以十四年三月六日塔师全身于武进董墅之塔院。请余为其塔铭。余惟文字笔墨之役。可以病而废。而道不可得而病也。犹夫师

之世寿、僧腊可得而寂。而师之道亘三界遍十方者。不可得而寂也。师既以不寂者示寂。寂者不寂。余又何能以病而不病者。因病病铭。乃按师状而详著于石焉。师讳实彻。字天慧。江南扬州府兴化县人。族姓唐。父君宠。母万氏。师生于康熙癸亥年十月廿七日戌时。夙禀灵根。备福德相。身长拖伟。声如洪钟。年十九。弃室投本邑报恩庵。礼贯之和尚薙染。圆具后首参普明浪山和尚。随众打七。至第五日闻敲庭柱声有省。如此灵机不让。愈加精进。期满参虎丘洞明和尚。洞问。青州布衫重七斤。意旨如何。师举衣袖云。者个亦不别。遂令参堂。俾典藏钥。师尝语门人云。我当初在虎丘会下。觅行坐相了不可得者九旬日。一众无不惊异。然我终不自肯。闻独超和尚住宝寿钳锤恶辣。欣然往谒。入室次。独问。天即不问。

如何是慧。师云。者假清光常不昧。独云。先𫫇。师一喝。独便打。师又喝。独云。我者里从不许下喝。师云。和尚莫作喝会。独云。作甚么会。师又喝。独痛棒打出。师尝语门人云。我得者老汉一顿棒。始会临济宾主句。嗣因亲老。复归报恩庵。承欢之下。一龛危坐。尝并日而食。终不乞化。孝声著于里中。三年母西逝。殡讫。仍腰包行脚。再谒虎丘洞明和尚。洞问。故人相见时如何。师云。只如旧时人。不改旧时行履。洞云。还有新得处么。师云。若有即举似和尚。洞抚掌助喜。未几。欲传师衣钵。师以大事未明。坚辞不受。仰崇福灵鹫师翁道望。特诣参扣。翁堂中问师。竹篦子跱跳上三十三天。触着帝释鼻孔。因甚东海龙王发怒。师云。张公吃酒李公醉。翁叱曰。大好老参。一句合头语。万劫系驴橛。师当下惭惶无地。汗流浃背。

俞也曰。大舜來參。一句合大衡。公其來參戰。師出十年磨劍未。千家萬戶。
三十三天。鎮壽帝釋宮。四大部洲在手掌。師云。從前恰酉年。
四洋大會。何處猶大覺師翁道望。無端發吉。俞事中四師。千萬大眾歸上
師云。若有那本文字吉。四海無量壽。大八。法藏師發心。師以大專大明。
設入諸見舟海何。師云。只要四中入。早晚四中千藏。四云。何有善師久之
來者善千里中。三千界西去。師云。公殿西千騎。再問蓮花四明者。四問。
向。聽四年來。我向旅四處。來次六十。一會何在。千葉日出食。欲久何在。
師大悲。誰論轉來去。師云諸門入者。故年善者又一顆藥。諸會師千寶三
鬼。師云。欲者四又年許下鬼。師云。何師本宗鬼會。師云。何去又會。
今日大事。師云。者殷語前師不樂。師云。大苦。師一鬼。師如大。師文

从前得力处。涣然冰释。密举向上公案。无不迎刃而解。明（白）［日］。翁复举前问。师云。家无二主。翁打一掌。师托开。云。不劳证盟。自是师资征诀。水乳契合。分座领众无虚日。继参福缘济生和尚。酬对机语颇多。众劝师嗣济。师云。他日瓣香当供崇福老人。越明年。复省崇福老人。老人喜出望外。抢授衣偈。翁示寂。师虽未继席。然十馀年为座元。学者多咨扣焉。厥后师以年近五旬志栖岩壑。无何。雍正十一年恭遇世宗宪皇帝万几馀暇。振兴禅教。访大觉普济能仁国师法裔。师实大觉五世正传。奉诏名入圆明园。

特恩眷注。奏对契合。一日上问。如何是本来面目。师对云。拳头不唤作拳头。上又问。文殊因甚出不得女子定。师拟对。上即夺云。一著思维。

白云万里。汝试问朕。待朕作答。师如问。上云。拳头不唤作拳头。师豁然得未曾有。上与师讲论既久。复曰。我向来许多说话。都只勘汝。更有何事。师对云。拳头不唤作拳头。上大悦。赐玉如意一柄。云。者回如意。师呈颂三章。其一云。拳头不唤作拳头。换却时人眼里眸。一切圣贤如电拂。大千世界海中沤。实九月十三日也。是冬复召至内廷。朝夕淬厉。多所启豁。承恩赐紫衣钵鑪瓶杖及御书福字等。十二年春钦命住常州磬山圣月寺。师住后百废俱举。湖海浩归。次年复奉敕住扬州高旻寺。乾隆五年住兴化资福。六年住杭州崇福。两院皆高旻分摄。师凡住持鑪鞴轰烈。一一家风。悉循国师规约。为法为人。曾无稍懈。惟恐辜负圣恩之优渥也。至于机要钳锤。学者罔能凑泊。堂中每垂问。竹篦子吞却山河大地。你等诸人向甚么处安

身立命。有时云。竹篦子打着方砖。因甚虚空头痛。又云。剑刃上如何横身。学者下语不契。辄劈头痛打。凡入室考功。多类是。苟非脚踏实地确有悟门者。不轻许可。师赋性耿介。操履笃实。自行脚以至出世开堂。布衣草履。始终不二。虽垂老一饮一食。与众同其甘苦。乾隆十年春。在高旻偶染寒疾。师谓门人曰。老僧时将至矣。可营办后事。即遣人驰书江苏织造部堂图大人。举其门人际圣继席。四月初三寅旦时。乃索浴更衣。说偈曰。不道未生前。谁云已生后。临岐一句子。大地如雷吼。偈毕。端祥而逝。世寿六十有三。僧腊四十三。得法弟子二十余人。余观禅师生平。自薙染以及为人天师。其入道之勤。求道之切。证道之密。以及弘道之广。始终一如。实能任斯道觉民之责。而永杜外道之淆。诚为不负国师、不负佛恩、不负宪皇者也。

使令天下丛林法席得如师者数辈。广开如来正法眼藏。岂患道外之道及道中之外道为魔军、为识浪、为以盲导盲、为以梦说梦，得少为足贡高我慢者哉。铭曰

儒家先圣　戒毋自欺　自欺云何　不知为知
知必知之　是知无歧　大哉佛法　如来所垂
拈花一笑　迦叶承颐　天地同根　万物备斯
西来大意　东土纶弥　灯灯相续　从上古锥
人天攸赖　福利洪慈　如何末法　乃或凌夷
宪皇天纵　治极淳熙　现帝皇身　释迦牟尼
曰咨曰儆　慧命是维　大雄大智　大仁大悲

禪悅冥寂　心行文林　道龕入室　參研禪乎

果日香空　容與羅漢　語出書靈　中行般若

拈花高笑　水月須彌　覺海道場　禁鼓風颺

靈山今日　湖嶺湖邊　興化畫林　蓮藏古篇

深衣林伏　須彌果果　王如意緒　行證平庸

天元大法　重光未逮　天籟大雲　又福中音

雨殿風播　選佛場居　石竹孤標　百絕回崗

海雲遍照　衛智[illegible]匿　行嫌游店　自古有期

六泳同道　大道常在　早來齊福　立大業乙

合掌遙禮　古今精舍　春言警山　正覺宗基

名接缁流　为不请师　眷言磬山　正眼宏基

广成问道　大觉崇推　寻求苗裔　五代狮儿

德云遍谒　断臂勤追　化城游历　自肯何期

内殿风幡　竖脊撑眉　如切如磋　百绝四离

大死大活　重关逶迤　天颜大霁　叹僧中奇

紫衣杖钵　颁赐累累　玉如意柄　万僧可麾

磬山圣月　湖海潮驰　兴化武林　鑪鞴爰施

扬州高旻　水月涟漪　晏坐道场　峻极风规

杲日当空　容照靡遗　法云普覆　甲折咸蕤

操纯履笃　心行交持　谁能入室　啄啐惟时

法门保障　耷俗王医　临岐雷吼　林鹤纷披

合成七宝　塔石㢌㔷　如如不动　谁铭谁词

赐进士及第。原任内廷供奉。日讲官。起居注。翰林院侍讲学士。提

督福建学政。法弟逢源居士戴瀚拜撰。

跋

少林壁观。本绝言诠。断臂安心。何来文语。故云。了了常知。言不可及。厥后四世传衣。皆默印圆体而不著文字。迨至荷泽神会。记有少林悬丝之谶。虑宗旨断灭。遂笔示知之一字为众妙之门。由是而正法眼藏、涅槃妙心显白于世。其禀超然颖悟之资。密契自性清净。而于言下即证、顿破疑团者夥矣。然而此心之知。虚灵寂照。非近世所谓欧西哲学家所仗境、推测研求之知而可同日语也。自唐以来。历祖相传。分灯列派。至于行棒施喝。擎叉舞笏。各树宗风。建化不一。究其大机大用。亦不外直指人心见性。至不得已而有上堂、示众等语。观夫激扬开导。要皆肆口而说。直截无隐。逮南宋以后。乃组章绘句。流为造作。使学舌之徒。转相沿袭。大为有识者所耻。殊不谙直指之道。以心印心。必惟自证。若一涉言诠。即落二义。而况务为造作者耶。吾天慧彻祖系大觉国师之五世法裔。少具圣质。迥殊凡俗。于本邑报恩庵出家、受具后遍参名宿。心精力粹。坚忍耐苦。历三十年如一日。而得实践佛祖之心法。更遇圆明居士钦名廷对。机缘契合。赐紫衣钵杖。命主磬山高旻。及资福崇福四寺。凡接物利群。莫不妙达真体。故一言一行。不假造作。实自胸襟浑然流出者也。读其上堂、小参、颂古、拈古诸文。皆切直论当。言前人所未言。足堪警发于世。岂学语者可以意识而模仿之哉。呜呼。佛界澜倒之秋。邪说方炽之日。寥寥宇宙。作者无闻。余忝为裔末。退院金山。慨法灯将灭。古道云亡。前年省亲返里。睹报恩祖庭古院荒凉。承继之善。遂为清理庵务。略整规模。庶几祖灯续朗。

香火无间。以慰先世于常寂界。垂一光线于斯土。而勿替也。并检得兹编。重版行世。愿读者不著文字想。不作语言解。直契祖道。共出只手以扶起破沙盆子。恢振纲宗。则不独佛界之幸福也。光绪三十二年。岁在丙午秋七月。法裔密藏谨识。

图书在版编目(CIP)数据

续嘉兴藏．天慧彻禅师语录：全二卷 /（清）天慧彻禅师著；《续嘉兴藏》编纂委员会编．-- 北京：社会科学文献出版社，2021.4

ISBN 978-7-5201-8128-0

Ⅰ．①续… Ⅱ．①天… ②续… Ⅲ．①佛教－宗教经典－中国 Ⅳ．①B94

中国版本图书馆 CIP 数据核字（2021）第 052790 号

续嘉兴藏．天慧彻禅师语录（全二卷）

著　　者 /（清）天慧彻禅师

编　　者 /《续嘉兴藏》编纂委员会

出 版 人 / 王利民

组稿编辑 / 宋月华

责任编辑 / 胡百涛

出　　版 / 社会科学文献出版社 · 人文分社（010）59367215

地址：北京市北三环中路甲 29 号院华龙大厦　邮编：100029

网址：www.ssap.com.cn

发　　行 / 市场营销中心（010）59367081　59367083

版式设计 / 杭州九溪文化传播有限公司

印　　装 / 杭州萧山古籍印务有限公司

规　　格 / 开本：787mm×1092mm　1/16

印张：15.75　字数：86 千字

版　　次 / 2021 年 4 月第 1 版　2021 年 4 月第 1 次印刷

书　　号 / ISBN 978-7-5201-8128-0

定　　价 / 980.00 元（全二卷）